바빌론 부자들의
돈 버는 지혜

RICHEST MAN IN BABYLON
by George S. Carlson
Copyright ⓒ George S. Carlson,
1926, 1930, 1931, 1932, 1933, 1936,
1937, 1940, 1946, 1954, 1955, 1957,
Published by arrangement with Dutton,
a member of Penguin Putnam, Inc.
All rights reserved
Korean translation copyright ⓒ 2018
by Kugil Publishing(Kugil Media) Co., Ltd.
Korean translation rights published by arrangement with Dutton
through Eric Yang Agency, Seoul.

이 책의 한국어판 저작권은 에릭양 에이전시를 통한
Dutton사와의 독점계약으로 ㈜국일출판사가 소유합니다.
저작권법에 의하여 한국 내에서 보호를 받는 저작물이므로
무단전재와 무단복제를 금합니다.

돈의 흐름을 지배하는 간단한 법칙!
바빌론 판 아라비안나이트!

바빌론 부자들의
돈 버는 지혜

조지 S. 클래이슨 지음 | **강주헌** 옮김

국일미디어

**바빌론 부자들의
돈 버는 지혜**

초판   1쇄 발행 · 2002년 1월 20일
개정 3판   1쇄 발행 · 2018년 5월 28일
개정 3판 12쇄 발행 · 2023년 9월 15일

지은이 · 조지 S. 클래이슨
옮긴이 · 강주헌
펴낸이 · 이종문(李從聞)
펴낸곳 · 국일미디어

등   록 · 제406-2005-000025호
주   소 · 경기도 파주시 광인사길 121 파주출판문화정보산업단지(문발동)
영업부 · Tel 031)955-6050 | Fax 031)955-6051
편집부 · Tel 031)955-6070 | Fax 031)955-6071

평생전화번호 · 0502-237-9101~3

홈페이지 · www.ekugil.com
블 로 그 · blog.naver.com/kugilmedia
페이스북 · www.facebook.com/kugilmedia
E - mail · kugil@ekugil.com

• 값은 표지 뒷면에 표기되어 있습니다.
• 잘못된 책은 바꾸어 드립니다.

ISBN 978-89-7425-649-4 (13320)

지은이의 말

한나라의 국부는 국민 개개인이 경제적으로 얼마나 윤택하게 사느냐에 따라 결정된다.

이 책은 개인의 성공을 다룬 책이다. 그런데 성공이란 무엇인가? 성공은 각자의 능력과 노력으로 맺어낸 결실을 뜻한다. 성공을 위해서는 적절한 준비가 필요하다. 적절한 준비가 바로 성공의 열쇠이다. 그러나 적절한 행동을 위해서는 생각이 필요하고, 적절한 생각을 위해서는 이해가 필요하다.

당신의 얄팍한 주머니를 두툼하게 만들어줄 이 책은 '돈의 흐름을 이해하기 위한 안내서'라 할 수 있다. 실제로 이 책은 경제적 성공을 열망하는 사람에게 돈을 벌게 해주고, 그렇게 벌어들인 돈을 끝까지 지키게 해주고, 그렇게 지킨 돈으로 더 많은 돈을 벌어들이게 하는 방법을 알려주기 위

지은이의 말

해 씌어진 것이다.

이 책에서 우리는 옛날 바빌론 시대로 돌아간다. 옛 시대에서 과연 무엇을 배우겠느냐고? 천만의 말씀이다. 바빌론 시대는 오늘날까지 전세계에서 사용되는 금융의 기본 원리가 처음으로 시작된 요람이었다.

이 책은 처음에 조그만 팜플렛으로 발간된 것들을 다시 엮은 것이다. 그 팜플렛에 담긴 이야기들로 인해 은행구좌의 숫자를 늘려가면서 경제적인 문제를 해결할 수 있었다는 독자들의 열렬한 반응에 나는 망설일 이유가 없었다. 그 이야기를 더 많은 사람들에게 나눠주고 싶었다.

또한 적잖은 분량으로 씌어진 이야기를 친구와 친척, 직원과 동료에게 가감없이 나눠주었던 기업의 경영자들에게도 이 기회를 빌려 감사의 말을 전하고 싶다. 기업의 현장에서 일하는 사람들의 찬사보다 더 나은 추천서가 있겠는가? 그들이야말로 이 책에 씌어진 원리를 그대로 적용하면서 엄청난 돈을 벌어들이고 있는 주역들이 아닌가!

바빌론이 고대 세계에서 가장 풍요로운 도시가 되었던 이유는 간단했다. 그것은 바빌론의 시민들이 당시 세계에서 가장 부유한 사람들이었기 때문이다. 그들은 '돈의 가치'를 알았다.

그들은 금융의 원리를 착실히 지키면서 돈을 벌었고 돈을 지켰으며 더 나아가 그 돈으로 더 많은 돈을 벌어들였다. 요컨대 그들은 우리 모두가 원하는 것, 즉 미래를 위한 수입을 마련해두었던 것이다.

조지 S. 클래이슨

돈은 물질적 성공을 측정해주는 척도이다.
돈은 이 땅에서 최상의 즐거움을 향유할 수 있게 해주는 수단이다.
〈돈의 흐름을 지배하는 간단한 법칙〉을 안다면 돈을 벌기란 그다지 어려운 일이 아니다.
6천년 전, 세상에서 가장 부유했던 도시 바빌론을 풍요롭게 한 그 법칙이 오늘날에도 그대로 돈의 흐름을 지배하고 있다.

차례

지은이의 말　5
황금을 꿈꾸는 사나이　11
바빌론에서 가장 부자인 사나이　23
얄팍한 지갑에서 벗어나기 위한 7가지 비결　44
행운의 여신은 행동하는 사람에게 찾아온다　76
황금의 5가지 법칙　101
바빌론의 대금업자　122
바빌론의 성벽　145
바빌론의 낙타상인　152
바빌론의 토판　171
바빌론에서 가장 운수좋은 사나이　189
바빌론의 역사　220
옮긴이의 말　229

황금을 꿈꾸는 사나이

바빌론에서 수레를 만들며 근근히 살아가던 사내, 반시르는 깊은 체념에 빠져 있었다. 그는 집을 둘러싼 나지막한 담에 걸터앉아 슬픔에 잠긴 눈빛으로 조그만 집을 물끄러미 쳐다보았다. 널찍한 작업장에는 절반쯤 완성된 수레 하나가 덩그러니 놓여 있었다.

작업장과 연결된 문으로 그의 부인이 뻔질나게 얼굴을 내밀면서 남편을 몰래 훔쳐보았다. 아내의 그런 모습에 반시르는 쌀자루가 텅 비었음을 짐작할 수 있었다. 이것은 곧 한시간이라도 빨리 수레를 완성해야 함을 뜻했다. 바퀴 테두리에 가죽을 대고, 멋지게 윤을 내어 색까지 칠해서 부자인 고객에게 넘겨주려면 당장이라도 망치질과 톱질로 땀을 흘려야 한다는 뜻이다.

그러나 반시르의 근육질 몸뚱이는 담에 앉아 일어날 줄을 몰랐다. 아무리 생각해도 해답을 찾을 수 없는 문제를 두고 끝없는 생각에 잠겨 있을 뿐이었다. 유프라테스강 유역을 뜨겁게 달구는 열대의 햇살까지도 그를 한없이 무력하게 만들었다. 이마에 송골송골 맺힌 땀방울들이 가슴에 떨어지면서 정글처럼 무성한 가슴털 사이로 모습을 감추었다.

저 멀리에는 바빌론 궁전을 에워싼 성벽이 탑처럼 우뚝 솟아 있었고, 가까이에는 아름다운 벨 타워가 까마득히 높이 치솟아 푸른 하늘을 둘로 나누고 있었다. 그 탑이 드리운 그림자 속에 반시르의 초라한 집이 있었다. 또한 산뜻하지는 않지만 정성스레 관리된 집들도 있었다.

바빌론은 그런 곳이었다. 웅대한 건물과 초라한 오두막, 엄청난 부자와 끼니를 걱정하는 가난한 사람이 뒤섞여 사는 곳이었다. 거대한 성벽 안에 온갖 계층의 사람들이 뒤섞여 사는 도시였다.

그러나 조금만 자세히 들여다보면 부자와 가난한 사람은 확연히 차이가 난다. 부자가 탄 마차는 요란한 소리를 내면서 장사꾼들과 거지들을 길가로 밀쳐낸다. 신발을 신은 장사꾼과 맨발의 거지를!

그러나 왕의 가공원(架空園, 옮긴이 : 공중에 걸쳐 있는 것처럼 만든 정원. 기원전 225년경 필론은 바빌론의 가공원을 세계 7

대 불가사의 중의 하나로 꼽았다)에 물을 대기 위한 물지게를 짊어진 노예들의 긴 행렬이 지나갈 때에는 부자들까지도 길 옆으로 물러서야 했다.

반시르는 자신의 문제를 골똘히 생각하느라 분주한 도시의 소음조차 들리지 않았다. 그런 것에 관심을 쏟을 겨를이 없었다.

그때 귀에 익은 수금소리에 그는 몽상에서 깨어났다. 그는 소리가 나는 쪽으로 고개를 돌렸다. 막역지우로 수금 연주가인 코비가 미소를 머금은 얼굴로 서 있었다.

코비는 반시르에게 신의 이름으로 인사를 건넨 후 정중한 목소리로 말했다.

"반시르, 이렇게 한가로이 앉아 있는 것을 보니 신께서 자네에게 커다란 축복을 벌써 내렸나보구먼. 자네가 받은 축복을 내게도 좀 나눠주지 않으려나? 나라면 기꺼이 자네와 나눌걸세. 자네의 두툼한 지갑에서 딱 2세켈만 꺼내서 빌려줄 수 있겠나? 오늘밤에는 갚을 수 있을 거야. 오늘밤에 귀족의 연회장에서 수금을 연주하기로 되어 있으니까 사례금을 받는 즉시 갚겠네."

반시르가 침울한 목소리로 대답했다.

"내게 지금 2세켈이 있더라도 남에게 꾸어줄 입장이 아니야. 내 목숨보다 소중한 친구인 자네에게도 꾸어줄 입장이 아니야. 그게 내 전재산일 테니까. 자네라면 전재산을 남에게 꾸어줄 수 있겠나? 아무리 친한 친구라도 꾸어줄 수 있겠나?"

코비가 깜짝 놀라며 소리쳤다.

"아니, 자네 지갑에 한푼도 없단 말인가? 그런데도 이렇게 일손을 놓고 멍청히 앉아 있었단 말인가! 왜 저 수레를 당장 완성시키지 않는 건가? 반시르, 자네답지 않구먼. 자네의 넘치던 힘은 어디로 갔는가? 대체 무슨 일로 이렇게 풀이 죽어 있는 건가? 말 못할 고민거리라도 생겼나?"

반시르가 고개를 끄덕이며 대답했다.

"그래, 신에게 벌을 받은 것 같아. 모든 것이 다 덧없는 꿈 때문일세. 엊그제 나는 커다란 부자가 된 꿈을 꾸었네. 내 허리춤에는 동전으로 가득한 지갑이 매달려 있었지. 거지들에게 마음껏 나눠줘도 바닥이 보이지 않을 정도로 동전이 많았네. 집사람에게 아름다운 장식품을 사줄 수 있었고, 내가 원하는 무슨 일이라도 할 수 있을 만큼의 은화도 있었지. 그리고 그렇게 은화를 써대도 미래의 행복을 확신할 수 있는 금화까지 있었네. 꿈이었지만 그렇게 행복할 수가 없었네! 자네조차 나를 알아보지 못했지. 집사람을 알아보는 사람도 없었네. 하기사 행복에 겨워 주름살이 말끔히 사라진 그 얼굴을 누가 알아볼 수 있었겠나? 그래, 집사람은 신혼 초의 아름다운 얼굴을 되찾았으니까."

"행복한 꿈이었구먼. 하지만 그처럼 멋진 꿈을 꾸고서도

시무룩한 동상처럼 얼굴을 찡그리고 있는 이유가 뭔가?"

반시르는 한숨을 내쉬었다.

"꿈에서 깨어나서 내 지갑이 텅텅 비어 있는 것을 알았을 때 내 기분이 어땠겠나? 그건 마치 배신을 당한 기분이었네. 그래, 자네나 나나 똑같은 입장이니까 솔직히 말해보겠네. 젊었을 때 우리는 지혜를 배우겠다고 함께 제사장을 찾아가기도 했었지. 젊었을 때 우리 둘은 언제나 즐거움을 함께 나누었지. 이렇게 어른이 되어서도 우리 우정은 변치 않았네. 우리는 이런 삶에 만족하며 살았네. 오랜 시간을 힘겹게 일하면서 그렇게 벌어들인 돈을 마음껏 써댔네. 그런데 말이야, 우리가 지난 세월 동안 꽤 많은 돈을 벌었지만 그 많던 돈은 모두 어디로 갔나? 그렇다고 해서 우리가 돈이 주는 진정한 즐거움을 알았나? 지금도 여전히 그 즐거움을 꿈꾸고 있지 않은가. 대체 우리가 말 못하는 짐승보다 나을 것이 무엇인가? 우리는 세상에서 가장 풍요로운 도시에서 살고 있네. 우리 주변에는 온갖 보물이 널려 있지만, 정작 우리 것은 하나도 없어. 인생의 절반을 뼈빠지게 일했지만 자네에게 남은 것이 무엇인가? 그저 빈 지갑뿐이야. 그래서 자네도 오늘 저녁에 갚을 테니 2세켈을 빌려달라고 구걸하는 것이 아닌가?

내가 어떻게 대답해주길 바라나? '그래, 내 지갑을 통째로 가져가게. 자네에게 무엇인들 못 빌려주겠나.' 이렇게 대답해주길 원했나? 하지만 내 지갑도 자네 지갑이나 마찬가지야. 한푼의 동전도 없어. 우리가 왜 이런 신세가 되었나? 왜 우리는 배불리 먹고 멋지게 차려입고도 남을 만한 돈을 벌지 못하는 것일까?"

반시르는 긴 한숨을 내쉰 후 다시 말했다.

"우리 아들들도 우리와 똑같은 길을 걷고 있는 것은 아닐까? 그래서는 안 돼! 우리처럼 시큼한 양젖과 죽에 만족하며 살아가도록 내버려둘 수는 없어! 그 아이들은 황금에 둘러싸여 풍요로운 삶을 즐길 수 있도록 해주어야 해."

코비가 심각한 얼굴로 말했다.

"반시르, 자네와 오랜 시간을 함께했지만 전에는 이렇게 말한 적이 없었어."

"그랬지. 한 번도 이런 말을 해본 적이 없었지. 새벽부터 어둑한 밤이 될 때까지 그저 누구보다도 멋진 수레를 만들겠다는 생각에 일에만 열중했으니까. 그리고 언젠가는 신께서 내 노력을 인정해주시고 커다란 재물을 주실 것이라 믿었으니까. 하지만 현실은 그렇지 않았네. 이제야 깨달았네. 나는 결코 부자가 될 수 없다는 것을!

내 심정이 어떻겠나? 아, 가슴이 터질 것만 같네. 나도 부자가 되고 싶네. 내 땅을 갖고 내 가축을 갖고 싶네. 멋진 옷을 입고 두툼한 지갑을 갖고 싶네. 부자가 될 수만 있다면 등이 휘도록 일할 각오가 되어 있네. 하지만 일한 만큼 정당한 보상을 받고 싶어. 그렇다면 우리의 문제가 무엇일까? 자네에게 다시 묻겠네. 세상에는 멋진 물건들이 널려 있는데, 돈만 있다면 그것들을 얼마든지 즐길 수 있는데, 왜 우리에게는 그런 돈이 없는 것일까?"

코비가 대답했다.

"난 그 이유를 알고 있지. 적어도 그 점에서는 자네보다 낫구먼. 내가 수금을 연주해서 번 돈은 물거품처럼 사라지네. 내 가족을 굶기지 않으려면 그 돈을 써야 하니까. 또 내게는 아주 멋진 수금을 장만해야겠다는 꿈이 있네. 내 머리에 떠오르는 멋진 선율을 완벽하게 표현해줄 그런 수금을 말일세. 그런 수금만 있다면 나는 그 누구보다도 멋진 연주를 해낼 수 있을 테니까."

"그래, 자네라면 그런 수금을 가질 자격이 있지. 바빌론의 어떤 연주자도 자네만큼 감미로운 선율을 창조해내지 못할 거야. 자네가 그런 수금으로 연주한다면 왕이 아니라 신까지도 감동할걸세. 하지만 왕의 노예만큼이나 가난한 자네가 그런 수금을 어떻게 장만할 수 있겠나? 저 종소리를 들어보게. 때마침 노예들이 지나가는군."

그리고 반시르는 상의를 벗어젖힌 노예들이 힘겹게 물지게를 지고 좁은 길을 따라 올라오는 긴 행렬을 가리켰다. 다섯 사람이 나란히 물지게를 지고 있었지만 모두가 힘에 부친 듯이 허리를 잔뜩 굽힌 모습이었다.

코비는 종을 치며 행렬 앞에서 걷는 사람을 가리키며 말했다.

"저 친구는 말끔하게 잘생겼구먼. 자기 고향에서는 꽤나 유명했을 것 같구먼."

"그렇군. 하지만 노예라고 다른 사람이겠나? 우리처럼 멀쩡한 사람들이겠지. 북쪽에서 끌려온 금발, 남쪽에서 끌려온 흑인, 근처 나라에서 끌려온 약간 갈색 피부의 노예들 모두가 멀쩡하게 생겼지. 하지만 그들은 하루도 빠짐없이 강에서 정원까지 물지게를 날라야 하는 노예일 뿐이야. 그들이 어떤 행복을 기대할 수 있겠나? 하루종일 무거운 물지게를 나른 후에는 짚으로 엮은 침대에서 잠을 자야 하고, 거친 보리로 끓인 죽이나 먹어야 하는 신세인 걸. 아무런 꿈도 없는 불쌍한 노예일 뿐이야!"

"그래, 불쌍한 노예들이지. 하지만 저들에 비하면 우리는 얼마나 행복한 사람들인가? 우리에겐 적어도 자유라는 것이 있지 않은가?"

반시르는 슬픈 듯 대답했다.

"그래, 맞는 말이야. 하지만 자유라는 단어를 생각할 때마다 나는 한없이 서글픈 마음뿐이네. 우리는 노예가 아니야. 하지만 먹고살기 위해서 우리가 어떻게 하고 있나? 일하고 또 일하고…… 끝없이 일해야 되지 않는가? 우리에게 다른 것을 즐길 여유나 겨를이 있는가?"

그때 코비가 눈빛을 반짝이며 말했다.

"다른 사람들은 대체 어떻게 돈을 벌지? 부자에게 그 방법을 물어보면 안 될까?"

"분명히 어떤 비결이 있을 거야. 그 비결을 아는 사람이 있다면 천릿길을 달려가서라도 배우고 싶네."

코비가 흥분해서 소리쳤다.

"멀리 갈 것도 없어. 오늘 당장 그 친구를 찾아가자고. 자네에게 오던 길에 마침 황금 마차를 타고 지나가던 내 옛 친구 아카드를 만났네. 물론 그의 위치에 있는 사람들이 대개 그렇듯이 그도 내 초라한 모습에 크게 관심을 보여주지는 않았지만, 그래도 내게 손을 흔들어주면서 인사를 건넸고 옛날처럼 우정어린 미소까지 보내주었네. 그래서 주변 사람들이 나를 보고 수군거린 것이 아니겠나."

반시르가 생각에 잠기며 말했다.

"아카드는 바빌론에서 제일가는 부자로 소문난 사람이지."

"심지어 왕까지도 아카드에게 도움을 청한다고 소문이 나 있네."

반시르가 코비의 말을 막고 나섰다.

"그래, 엄청난 부자야. 그래서 두려운 걸세. 한밤중에 그를 만나게 된다면 내가 그의 두툼한 지갑에 몹쓸짓을 할까 두려운 걸세."

코비가 나무라듯 말했다.

"쓸데없는 소리! 부자는 허리춤에 찬 지갑으로 결정되는 것이 아니야. 아무리 두툼한 지갑이라도 다시 채워줄 황금 물줄기가 없다면 금세 비워지는 법일세. 아카드에게는 아무리 돈을 펑펑 쓰더라도 그의 지갑을 끊임없이 다시 채워줄 수입원이 있다구."

그때 반시르가 무엇인가를 깨달은 듯 갑자기 목소리를 높였다.

"수입원? 바로 그거야! 내게도 그런 수입원이 필요해. 내가 오늘처럼 담에 우두커니 앉아 있어도, 먼 곳으로 여행을 떠나더라도 내 지갑을 채워줄 수입원이 필요해. 아카드라면 그런 수입원을 만드는 방법을 알고 있을 거야. 나처럼 우둔한 사람도 이해할 수 있는 방법을 아카드라면 알고 있지 않을까?"

코비가 대답했다.

"어쩌면 그도 아들인 노마시르에게 그 방법을 가르쳐주었을 거야. 노마시르가 지금 니네베에 있다는 소문을 들었네. 아카드의 도움이 없었다면 노마시르가 어떻게 니네베에서 가장 부자가 될 수 있었겠나?"

반시르는 눈빛을 반짝거리며 말했다.

"코비, 고맙네. 자네 덕분에 살았네. 훌륭한 친구를 찾아가 현명한 충고를 구하지 못할 이유가 어디에 있겠나? 아카드라면 우리에게 그 비결을 가르쳐줄걸세. 마치 1년 전에 사라진 매 둥지처럼 우리 지갑은 텅 비었지만 이제 걱정할 필요가 없네. 죽을 때까지 이렇게 살 수야 없지 않은가. 이 풍요로운 도시에서 가난하게 사는 것도 이제는 지쳤네. 당장 아카드를 찾아가세. 그리고 그에게 부자가 되는 비결을 물어보도록 하세."

"반시르, 자네 말이 맞네. 자네 덕분에 나도 새로운 깨달음을 얻었네. 우리가 이처럼 가난하게 살 수밖에 없는 이유를 깨달았네. 우리는 안정된 수입원을 찾지 않았던 거야. 그런 수입원을 찾으려는 생각조차 하지 않았어. 자네는 바빌론에서 가장 튼튼한 수레를 만들려고 혼신의 힘을 다했네. 적어도 그런 점에서는 성공했다고 말할 수 있겠지.

물론 나도 바빌론에서 최고의 수금 연주가가 되려고 엄청난 노력을 기울였네. 그리고 남부럽지 않은 수금 연주가가 될 수 있었지. 그래, 적어도 우리가 노력을 기울인 분야에서 우리는 성공을 거두었어. 그리고 그것이 신의 뜻이라 생각하고 만족하며 살았네. 하지만 마침내 우리는 빛을 보았네. 떠오르는 태양에서 쏟아지는 찬란한 빛을 보았네. 이제 우리는 새롭게 깨달은 걸세. 우리 꿈을 이루는 데 필요한 방법을 찾아낼 수 있을걸세."

반시르가 독촉하며 나섰다.

"코비, 오늘 당장 아카드를 만나보러 가자구. 우리와 마찬가지로 힘겹게 살아가는 옛 친구들까지 불러서 아카드를 만나러 가세. 우리 모두가 아카드의 지혜를 함께 나눌 수 있다면 그보다 좋은 일이 어디 있겠나?"

"반시르, 친구들을 생각하는 자네의 마음에 정말로 감동했네. 그래, 모두 불러서 다함께 가도록 하세. 오늘 당장 그 비법을 들어보세."

 나도 부자가 되고 싶네. 멋진 옷을 입고 두툼한 지갑을 갖고 싶네. 부자가 될 수만 있다면 등이 휘도록 일할 각오가 되어 있네. 하지만 일한 만큼 정당한 보상을 받고 싶어. 그렇다면 우리의 문제가 무엇일까? 왜 우리는 돈이 없는 것일까?

바빌론에서 가장 부자인 사나이

먼 옛날, 바빌론이란 도시에 아카드라는 부자가 살고 있었다. 그가 엄청난 재산을 모았던 까닭에 그의 이름은 바빌론을 넘어서 바빌로니아 방방곡곡에까지 알려졌다.

그는 가족에게만이 아니라 그 누구에게도 너그럽고 관대한 사람이었다. 또 가난한 사람들을 위해서 자신의 재산을 아낌없이 베풀 줄 아는 부자였다. 그런데도 그의 재산은 나날이 늘어만 갔다.

마침내 어린 시절 친구들이 그를 찾아왔다.

"아카드, 자네는 우리보다 훨씬 운이 좋았던 모양일세. 우리는 먹고 사느라 발버둥치고 있건만 자네는 바빌론에서 가장 부자가 되었으니 말일세. 우리는 그저 보기 흉하지 않을 정도의 옷을 가족에게 입히고 흔해빠진 음식으로 배를 채우건만 자네는 휘황찬란한 옷을 입고 희귀한 음식을 즐기고 있으니 말일세. 하지만 옛날에 우리는 모두가 똑같았네. 우리는 똑같은 선생님에게 배웠고, 똑같은 운동을 하며 자랐네. 그리고 공부에서나 운동에서나 자네가 우리보다 나은 것은 없었네. 그런데 지금은 너무도 달라졌네. 자네는 우리가 엄두조차 낼 수 없는 사람으로 변해버렸네. 우리 생각에는 자네가 우리보다 열심히 일한 것도 아니고 성실하게 일한 것도 아니야. 그런데 운명의 수레바퀴는 어째서 자네를 선택했을까? 우리도 열심히 일하고 성실하게 일했건만 어째서 운명의 수레바퀴는 자네에게만 엄청난 재산을 안겨준 걸까?"

아카드는 친구들의 불평을 조용히 듣고 있었다. 그리고 이렇게 대답해주었다.

"그래, 젊은 시절까지 우리는 똑같았지. 그런데 자네들이 아직까지 근근히 살아가는 이유가 뭐냐고? 그것은 자네들이 재산을 모아가는 법칙을 몰랐거나, 아니면 그 법칙에 따르지 않았기 때문일걸세. 운명의 수레바퀴는 누구에게도 영원한 재물을 허락하지 않는 심술궂은 여신이네. 어쩌면 노력없이 얻은 황금에 기뻐하는 사람들을 가차없이 파멸시키는 심판자이기도 하다네. 게다가 그 여신은 우리가 황금을 두서없이 낭비하도록 만들기도 하네. 그 때문에 우리는 힘들게 벌어들인 재산을 순식간에 날려버리는 걸세. 아무런 보람도 없는 욕망과 욕심에 사로잡혀 재산을 펑펑 써대고 결국에는 빈털터리가 되어버리는 걸세. 반면에 정반대인 사람들도 있네. 지독한 수전노인 사람들! 그들의 궤짝에 들어간 돈은 도무지 나올 줄을 모르네. 그들은 벌어들인 돈을 한 푼도 쓰지 않으려고 전전긍긍하지. 왜 그렇겠나? 그들은 돈을 다시 벌어들일 방법을 모르기 때문일세. 그런 사람들은 어떻게 살아가는지 아나? 도둑을 맞을지도 모른다는 생각에 잠시도 편안할 때가 없을걸세. 그야말로 공허한 삶이 아니겠나? 돈을 쌓아두고도 그처럼 불행하게 지내야 하니 말일세. 하지만 전혀 다른 사람들이 있네. 손쉽게 황금을 벌어들일 뿐 아니라 나날이 더 많은 황금을 벌어들이면서도 세상 사람들에게 존경받고 행복을 누리며 살아가는 사람들이 있네. 물론 이런 사람은 극소수에 불과하지. 나도 그런 사람들을 알고 있지만 소문으로만 알고 있을 뿐이네. 하지만 갑자기 커다란 재산을 물려받은 사람은 결코 이런 사람이 되지 못하네."

친구들은 아카드의 말에 고개를 끄덕이지 않을 수 없었다. 그들이 알고 있기에도 갑자기 재산을 물려받은 사람은 결코 바람직한 삶을 살고 있지 않기 때문이다.

그들은 아카드에게 그처럼 많은 재산을 모을 수 있었던

방법을 물었다. 아카드는 빙긋이 미소를 지으며 친구들에게 그 비밀을 하나씩 털어놓기 시작했다.

아카드가 들려준 그 비밀은 다음과 같았다.

젊은 시절 나는 주변을 둘러보면서 우리에게 행복과 만족을 안겨주는 것들을 빠짐없이 살펴보았네. 그리고 돈이 있어야 행복할 수 있다는 진리를 깨달았네. 돈이 바로 힘이었네. 돈이 있다면 어떤 일이라도 가능하다는 사실을 깨달았네.

돈이 있어야 집안을 멋진 가구로 장식할 수 있지 않겠는가?

돈이 있어야 먼 바다로 항해를 떠날 수 있지 않겠는가?

돈이 있어야 아름다운 장신구를 살 수 있고 반질대는 대리석으로 집을 지을 수 있지 않겠는가?

돈이 있어야 신을 위한 웅대한 신전을 지을 수 있지 않겠는가?

확실히 돈이 있어야 이런 모든 일을 할 수 있었다네. 돈이 있어야 세상을 즐겁게 살면서 우리 영혼까지 만족시켜줄 수 있는 것이네.

이런 진리를 깨달은 순간 나는 비로소 삶의 목표를 뚜렷이 정할 수 있었네. 다른 사람들이 즐기는 모습을 멀찌감치 떨어져서 구경이나 하는 그런 사람은 되지 않겠다고 결심했네. 그저 남부끄럽지 않을 정도의 싸구려 옷으로 만족해버리는 사람은 되지 않겠다고 결심했네. 평생 가난한 사람과 뒹굴며 살면서 허망한 웃음에 만족하는 사람은 되지 않겠다고 결심했네. 어떤 연회장에서나 반갑게 맞아주는 사람이 되어야겠다고 결심했네.

자네들도 알고 있듯이 나는 가난한 장사꾼의 아들이었네. 재산을 물려받을 희망이라곤 조금도 없는 가난한 장사꾼의 아들이었네. 그렇다고 특별한 지혜나 권력을 물려받은 것도 아니었네.

그러나 나는 내 운명을 탓하지 않았네. 대신에 내가 꿈꾸는 것을 성취하고자 한다면 그에 맞는 시간과 공부가 필요하다는 사실을 깨달았네.

시간에 대해 한번 생각해볼까? 대부분의 사람들이 시간을 남아도는 것이라 생각하지. 자네들은 어떤가? 자네들도 마찬가지였네. 자네들을 부자로 만들어줄 시간을 덧없이 보내버렸네. 생각해보게. 지금까지 무엇을 이루어냈는가? 아내와 자식, 가족을 제외한 다른 사람들에게 떳떳하게 보여줄 수 있는 것이 무엇인가?

또, 공부란 무엇인가? 옛 현인은 2가지 공부가 있다고 가르쳐주셨네. 하나는 우리가 배워서 아는 것이고, 다른 하나는 우리가 모르는 것을 찾아내는 방법을 배우는 것일세.

그래서 나는 돈을 버는 방법을 알아내기로 결심했네. 그리고 그 방법을 알아내는 즉시 실천에 옮기기로 결심했네.

우리가 밝은 햇살이 내리쬐는 양지에 산다고 해서 마냥 햇살을 즐기고 있다면 그것이 현명한 짓이겠는가? 양지가 언제까지나 양지일 수는 없지 않은가? 이것은 세상의 이치였네. 양지가 음지로 변한 후에 슬퍼해본들 무슨 소용이 있겠는가?

그래서 나는 시청에 일자리를 얻어 필경사가 되었네. 매일 밤늦도록 토판에 글을 새기면서 열심히 일했네. 매일 죽도록 일했지만 수입은 보잘것이 없었네. 먹을 것과 입을 것, 그밖에 세상을 살아가는 데 필요한 자질구레한 것을 구입하느라 저축은 꿈에도 생각지 못했네. 하지만 부자가 되겠다는 결심만큼은 흔들리지 않았지.

어느 날 대금업자인 알가미쉬가 시청을 찾아와서 아홉 번째 법을 복사해달라고 하면서 내게 이렇게 말하더군.

"이틀 내에 복사본이 필요하네. 시간 내에 해주면 동전 두 닢을 사례로 주겠네."

그래서 나는 밤늦도록 그 복사본을 만늘었네. 하지만 아홉 번째 법은 너무나 길어서, 이틀 후 알가미쉬가 복사본을 찾으러 왔을 때까지 완성시킬 수 없었네. 그는 무척이나 화를 내더군. 아마 내가 그의 노예였다면 죽도록 맞았을걸세. 하지만 누가 감히 시청 직원에게 손찌검할 수 있었겠나? 나는 조금도 겁먹지 않고 그에게 거래를 제안했네.

"알가미쉬 선생님, 당신은 부자입니다. 제게 부자가 되는 방법을 가르쳐주십시오. 그렇게 해준다면 밤을 하얗게 새더라도 아홉 번째 법을 내일 아침까지 복사해놓겠습니다."

알가미쉬는 내게 은근한 미소를 지어 보이며 대답하더군.

"대담한 녀석이로구먼. 좋아, 그렇게 하도록 하세. 우리는 그런 것을 거래라고 부른다네."

그렇게 거래가 성립되었고 나는 밤을 꼬박 새우면서 토판에 아홉 번째 법을 새겼네. 등이 뻐근하고, 심지어는 냄새에 머리까지 지끈거렸지만 일을 멈추지 않았네. 눈까지 가물대더군. 하지만 다음 날 아침 알가미쉬가 시청을 찾아왔을 때, 나는 완성된 토판을 그에게 건네주며 말했네.

"여기 있습니다. 선생님께서도 약속을 지키시겠죠?"

"자네가 약속을 지켰으니 나도 약속을 지켜야 하겠지. 이제 알고 싶어하는 것을 말해주겠네. 나도 이제 늙었어. 늙으면 누군가와 말을 하고 싶어지는 법이지. 오랜 세월을 살면서 몸소 터득한 삶의 지혜를 누군가에게 전해주고 싶은 걸세. 하지만 젊은 사람들은 노인을 고리타분한 이야기나 해대는 귀찮은 사람으로 생각해버리지. 늙은 사람들은 삶의 지혜가 담긴 소중한 이야기라고 열심히 전해주려 하지만, 정작 젊은 사람은 새로운 시대에 걸맞지 않은 낡은 지혜라고 들으려고도 하지 않아. 하지만 오늘을 밝혀주는 태양은 자네 아버지가 태어났을 때에도 이 세상을 밝혀주었던 태양이고, 미래에 자네 손자가 어둠 속을 지나갈 때에도 빛을 던져줄 태양이란 사실을 반드시 기억하게."

알가미쉬는 잠시 숨을 돌린 후 이야기를 계속하더군.

"젊은 사람들의 생각은 하늘을 환히 밝히면서 지나가는 유성과도 같은 것일세. 그렇지만 유성의 빛은 덧없이 사라지고 말지 않는가? 하지만 노인의 지혜는 하늘에서 항상 그 자리를 지키면서 선원들에게 항로를 알려주는 별과도 같은 것일세. 내 말을 자네 가슴에 꼭 새겨두게. 그렇지 않으면, 앞으로 내가 자네에게 말해줄 진리를 결코 깨닫지 못할 테니까. 자네가 어젯밤을 꼬박 새우면서 일했던 것이 헛일이었다고 후회하고 말걸세."

그리고 알가미쉬는 매서운 눈빛으로 나를 쏘아보면서 나지막한 목소리로, 그러나 힘이 실린 목소리로 말했네.

"부자가 되는 첩경은 간단하네. 버는 것보다 덜 쓰게! 자네가 번 돈의 일부를 반드시 저축하게! 그럼 자네는 언젠가 반드시 부자가 될걸세."

그리고 그는 나를 뚫어지게 쳐다보았지. 나는 가슴이 터질 것만 같았네. 그러나 고개를 끄덕이는 수밖에 없었네. 그래도 용기를 내어 물었지.

"그게 전부입니까?"

"그것만으로도 가난한 양치기를 지금의 나로 만들어주기에 충분한 비밀이었네."

"하지만 제가 번 돈을 전부 저축할 수도 있잖습니까? 그럼 더 빨리 부자가 될 수 있지 않겠습니까?"

"그것이 가능하다고 생각하나? 자네가 입어야 하는 옷은 어떻게 하려나? 자네가 신어야 하는 신발은 어떻게 하려나? 먹는 것은 어떻게 하겠나? 돈을 한푼도 쓰지 않고 바빌론에서 살아갈 수 있다고 생각하나? 지난 달 봉급을 받기 위해서 자네는 어떻게 했나? 작년에는 어떻게 했나? 자네가 번 돈을 모두 저축하겠다고? 바보 같은 소리! 다른 사람에게 그들이 노력한 대가를 지불하지 않고는 살 수가 없네. 누구나 흘린 땀만큼의 합당한 보상을 받아야 하는 법일세. 노예도 마찬가지야. 주인을 위해서 땀흘려 일한 대가로 먹을 것과 입을 것을 받지 않는가. 오늘부터 자네가 번 돈의 1할을 꾸준히 저축한다면, 앞으로 10년 후에 얼마나 많은 돈을 갖게 될 것 같은가?"

나는 잠시 머릿속으로 계산을 해보고 대답했네.

"제 계산이 틀리지 않았다면 1년치 봉급 정도가 될 것 같습니다."

"절반밖에 맞추지 못했네. 자네가 저축한 돈은 자네를 위해 일해줄 노예와도 같은 것일세. 자네가 저축한 돈은 자네가 더 많은 수확을 위해서 밭에 뿌린 씨앗과도 같은 것일세. 자네도 나중에 부자가 된다면 내 말을 이해할 수 있을걸세. 돈이 돈을 버는 법일세. 자네가 꿈꾸는 풍요는 작은 것에서 시작된다는 진리를 잊지 말게."

알가미쉬는 잠시 내 반응을 살피더군. 그리고 안타까운 표정을 지으며 덧붙여 말했네.

"내가 자네를 속인다고 생각하는구먼. 하지만 자네가 내 말에 담긴 뜻을 제대로 이해한다면, 나는 자네가 어제 밤새 일한 것을 1,000배 이상으로 갚은 셈이네. 자네가 번 돈의 일부를 반드시 저축하게! 쥐꼬리만큼 벌더라도 적어도 10분의 1을 저축해야 하네. 가장 먼저 자네 자신에게 대가를 치른다고 생각하게. 저축하고 남은 돈으로 살 수 없는 것은 사지 말게. 먹을 것과 자선을 베풀 것은 따로 떼어두게. 재산이란 나무와도 같아서 처음에는 작은 씨앗에서 시작되는 걸세. 자네가 저축하는 첫 돈이 재산이라는 나무로 성장해갈 씨앗이라 생각하게. 자네가 그 씨를 빨리 뿌릴수록 나무도 그만큼 빨리 성장하게 될걸세. 자네가 저축이라는 자양분과 물로 정성을 기울일수록 그 나무는 그만큼 빨리 성장할걸세. 그래야 그 나무가 드리워준 그늘을 즐기면서 자네는 행복히게 살 수 있지 않겠나?"

이렇게 말한 후에 알가미쉬는 토판을 들고 돌아갔네.

나는 그가 말해준 것을 곰곰이 생각해보았네. 상당히 그럴 듯하다는 생각이 들었지. 그래서 그의 말대로 실천해보기로 결심했네. 봉급을 받을 때마다 10분의 1을 떼어서 어딘가에 감추어두었네.

이상하게 들리겠지만, 그만큼의 돈이 없어도 예전보다

돈에 쪼들리지 않았네. 그만큼의 돈이 없어도 그럭저럭 살아갈 수 있다는 것에서 나는 아주 조그만 차이의 중요성을 깨달았네. 감추어둔 돈이 점점 늘어나기 시작했을 때, 외국 땅에서 가져온 물건들을 장사꾼들이 보여줄 때마다 그 돈을 쓰고 싶은 유혹이 없지 않았네. 하지만 나는 혀를 깨물면서 그 유혹을 이겨냈네.

1년이 지났을 때 알가미쉬가 나를 찾아왔더군. 그리고 빙긋이 웃으면서 물었네.

"젊은이, 내가 말한 대로 지난 1년 동안 자네가 번 돈에서 10분의 1을 착실히 저축했나?"

나는 가슴을 펴고 떳떳하게 대답할 수 있었지.

"그럼요, 선생님 말씀대로 했습니다."

그는 내게 환한 미소를 지어주며 다시 물었네.

"잘했군. 그래, 그 돈을 어떻게 했나?"

"벽돌상인인 아즈무르에게 주었습니다. 곧 페니키아로 여행을 떠난다고 하길래 그곳에서 희귀한 보석을 사오라고 그에게 전부 맡겼습니다. 그리고 그가 돌아오면 그 보석을 높은 가격에 팔아서 이익을 나눠 갖기로 했습니다."

내 대답에 알가미쉬는 화를 버럭 내면서 나무라더군.

"바보 같은 짓을 했군. 벽돌상인이 보석에 대해 무엇을 알겠나? 별자리 점을 치려고 빵장수에게 가는 것과 대체 무엇이 다른가? 조금이라도 생각이 있는 사람이라면 당연히 점성술사를 찾아갈 거네. 자네는 1년 동안 모은 돈을 모두 허공에 날린 것이나 다름없네. 재산이란 나무를 뿌리째 뽑아버린 거라구. 하지만 그렇다고 낙심하지는 말게. 나무를 다시 심게. 다시 시작하라는 뜻일세. 다음에라도 보석에 대해 조언을 얻고 싶다면 보석상인을 찾아가게. 양에 대해 알고 싶다면 목동을 찾아가게. 조언은 누구에게라도 얻을 수 있는 것이지만, 진정으로 가치있는 조언만을 선별해서 듣도록 하게. 저축에 대해 아무것도 모르는 사람에게 저축에 대해 가치있는 조언을 들을 수 있겠나? 그런 사람에게 조언을 구한다면 엉뚱한 객설만 듣고 자네가 힘겹게 모은 돈을 금방 물거품으로 만들어버릴걸세."

이렇게 말한 후 알가미쉬는 뒤도 돌아보지 않고 시청을 빠져나갔네.

그의 예언은 곧 현실이 되어 돌아왔네. 페니키아에는 사기꾼들이 많았는지 아즈무르는 보석처럼 보이는 유리조각을 잔뜩 들고 왔더군. 하지만 알가미쉬가 당부했듯이 나는 거기에서 좌절하지 않고 처음부터 다시 시작했네. 다시 10분의 1씩을 착실히 모았네. 그것도 습관이 되니까 그다지 어렵지 않더군.

다시 1년 후, 알가미쉬가 필경실까지 나를 찾아와서 이렇게 묻더군.

"그래, 지난 1년 동안은 어떻게 지냈나? 많은 발전이 있었나?"

"그랬습니다. 선생님 말씀대로 착실히 모았습니다. 그렇게 모은 돈을 방패상인인 아가르에게 빌려주었습니다. 그리고 넉 달마다 이자를 받고 있습니다."

"잘했군. 아가르에게 받은 이자를 어떻게 쓰고 있나?"

"덕분에 달콤한 꿀과 포도주, 맛있는 빵을 즐기고 있습니다. 그리고 진홍빛 옷도 한 벌 샀습니다. 다음 번에 받는 이자로는 제가 타고 다닐 당나귀를 사려고 합니다."

내 대답에 알가미쉬는 어이가 없다는 듯이 웃더군.

"자네가 힘들게 모은 돈에서 돋아난 새싹을 닥치는 대로 먹어치우고 있구먼. 그 새싹이 자네에게 어떤 도움을 줄지 생각이라도 해보았는가? 그 새싹이 다른 새싹을 키워낼 수 있을 것이라고 생각해본 적은 없는가? 돈이 돈을 벌어주는 법이네. 돈으로 돈을 벌게. 그럼 자네도 언젠가 마음껏 잔치를 벌일 수 있을 테니까."

이렇게 말하고 알가미쉬는 내 곁을 떠났네. 그로부터 2년 동안은 그의 얼굴을 볼 수 없었지.

그러던 어느 날 그가 갑자기 나를 찾아왔네. 그는 그새 몰라보게 주름살이 늘었고 눈꺼풀이 축 늘어져 무척이나 늙어 보였네.

"아카드, 자네가 꿈꾸던 재산을 모았나?"

"제가 원하는 만큼은 아직 아닙니다. 하지만 어느 정도는 모았습니다. 그 돈이 돈을 벌어주고 있습니다. 선생님 말씀대로 돈으로 돈을 벌고 있습니다."

"벽돌상인에게 아직도 조언을 받고 있나?"

"벽돌에 관한 한 그에게 조언을 받고 있습니다."

"아카드, 내가 가르쳐준 교훈을 제대로 실천하고 있군. 내가 어떤 교훈을 가르쳐주었던가? '버는 것보다 덜 써라'가 첫번째 교훈이었지. 두 번째는 '자네가 구하는 조언에 합당한 경험을 가진 사람에게 조언을 구하라'는 것이었네. 끝으로는 '돈으로 돈을 벌어라'는 것이었지. 그래, 자네는 이 교훈들을 훌륭하게 실천한 것 같구먼. 자네는 돈을 벌고, 돈을 모으고, 돈을 사용하는 방법을 배운 것일세. 이제 자네에게는 어떤 일을 맡겨도 안심할 수 있겠군. 나는 늙었네. 내 아들 녀석들은 돈을 써대기만 할 뿐 제손으로 벌 생각은 눈곱만큼도 하지 않네. 그래서 걱정이 태산이네. 관리해야 할 것은 많은데 내가 늙어서 이제는 모두 감당할 수가 없구먼. 어떤가, 자네기 나를 도와줄 수 있겠나? 자네가 니푸르에 가서 그곳 땅을 관리해준다면 자네를 내 동업자로 생각해서 내 재산의 일부를 자네에게 떼어주겠네."

그래서 나는 필경사 일을 그만두고 니푸르로 가서 그의 재산을 관리해주기 시작했네. 정말 엄청난 재산이더군. 나는 꿈이 있었고 재산을 관리하는 3가지 법칙을 완전히 터득하고 있었기 때문에 그의 재산을 더 크게 불려줄 수 있었네.

물론 나도 덩달아 부자가 되었지. 그리고 알가미쉬가 어둠의 땅으로 떠났을 때, 그의 유언에 따라 나는 일정한 몫의 재산을 물려받을 수 있었네.

아카드가 이렇게 이야기를 끝맺자 한 친구가 말했다.

"결국 자네는 운이 좋았던 걸세. 알가미쉬가 자네에게 상당한 유산을 물려주었으니까 말일세."

"그럴까? 내가 그를 만나기 전부터 부자가 되겠다는 꿈을 가졌다는 점에서는 운이 좋았다고 말할 수 있을걸세. 하지만 4년 동안 내가 번 돈에서 10분의 1씩을 착실하게 저축하면서 보여주었던 내 단호한 결심은 어떻게 설명하겠나? 오랫동안 물고기의 습성을 연구한 덕분에 그물을 던질 때마다 그물을 가득 채우는 어부를 그저 운이 좋은 어부라고만 말하겠나? 기회는 준비되지 않은 사람에게는 찾아오지 않는 오만한 여신일세. 다시 말해서 기회는 준비된 사람에게만 찾아오는 법이지."

다른 친구가 말했다.

"그래, 자네는 1년 동안 모은 돈을 허망하게 날려버린 후에도 좌절하지 않는 굳센 의지를 보여주었네. 그래, 자네는 남다른 의지력을 지닌 친구야."

아카드가 말했다.

"의지력이라 말했나? 하지만 의지력이 전부는 아닐세.

의지력이 강하다고 낙타가 짊어질 수 없는 짐을 짊어질 수 있겠나? 황소가 끌 수 없는 짐을 끌 수 있겠나? 의지력은 자네들이 성취하려는 목표까지 줄기차게 매진하겠다는 단호한 결심에 불과한 것일세. 나는 아무리 사소한 것이라도 목표를 세우면 끝장을 볼 때까지 물러서지 않네. 사소한 일도 완벽하게 해내지 못하면서, 어떻게 중요한 일을 처리할 수 있겠나?

언젠가 나는 이런 결심을 했네. '앞으로 100일 동안 이 다리를 건널 때마다 조약돌 하나를 집어 강에 던지리라!' 그리고 결심한 바로 그날부터 그대로 실천했네. 그런데 7일째 되는 날 나는 무심코 그 다리를 건너고 말았네. 그때 내가 어떻게 했을 것이라 생각하나? '내일 조약돌 2개를 던지면 똑같잖아. 오늘은 그냥 넘기자구!' 이렇게 했으리라 생각하나? 아니었네. 나는 발걸음을 되돌려 조약돌을 집어서 강에 던졌네. 20일째 되던 날, 문득 이런 생각이 들더군.

'아카드, 쓸데없는 짓이야. 매일 조약돌을 강에 던진다고 무엇이 달라지겠나? 그냥 조약돌들을 잔뜩 집어서 강에 던지면 끝나잖아!' 하지만 나는 그런 유혹에 흔들리지 않았네. 일단 목표를 그렇게 세웠기 때문에 그대로 밀고 나아갔네. 그리고 나는 실현 가능성이 없는 어려운 일은 시작조차 않으려고 애썼네. 쓸데없는 고생을 하고 싶지 않았으니까."

이번에는 다른 친구가 물었다.

"자네 말이 사실이라면, 자네가 말한 대로 부자가 되는 길이 그다지 어렵지 않고 간단한 것이어서 누구라도 해낼 수 있는 것이라면, 세상에는 부자가 넘쳐흘러야 되는 것이 아니겠나? 하지만 현실은 그렇지 못한 이유가 무엇이라 생각하나?"

아카드가 대답했다.

"우리가 땀을 흘리는 곳에서 재산이라는 나무가 자라는 법이네. 가령 어떤 부자가 멋진 저택을 짓는다면, 그가 대가로 지불한 돈이 어디로 가겠나? 벽돌상인이 그 몫을 챙길 테고, 인부가 그 몫을 챙길 거네. 물론 예술가도 한몫 챙기겠지. 말하자면 그 저택을 짓는 데 땀을 쏟은 사람들에게 일정한 몫이 돌아가네. 그러나 저택이 완성된 후에는 어떻게 되겠나? 저택을 짓는 데 지불한 액수보다 더 높은 가치가 매겨지지 않을까? 게다가 그 저택이 들어선 땅은 어떻게 되겠나? 공터로 있었을 때보다 훨씬 높은 가격이 매겨지지 않겠나? 재산은 이런 식으로 불어나는 법일세. 재산의 한계를 누가 예측할 수 있겠나? 페니키아 사람들이 해상무역으로 벌어들인 돈으로 황무지에 그처럼 찬란한 도시들을 건설했다는 사실을 잊지 말게."

또 다른 친구가 물었다.

"그런데 우리도 부자가 될 수 있겠나? 벌써 많은 세월이 지나서 어느덧 중년에 이르렀고, 그동안 모아둔 돈도 없는

데 말일세. 우리는 이제 어떻게 해야 좋겠나?"

"알가미쉬가 내게 가르쳐준 교훈을 자네들에게 그대로 말해주고 싶네. 첫째, '내가 벌어들인 돈의 일부는 무조건 저축한다, 나를 위해서!' 매일 아침 잠자리에서 일어나면 그렇게 중얼거리게. 점심을 먹고 나서도 그렇게 중얼거리게. 잠자리에 들기 전에도 그렇게 중얼거리게. 매일 매시간 그렇게 중얼거리게. 하늘을 수놓은 별처럼 그 말이 자네들 가슴에 새겨질 때마다 틈나는 대로 그렇게 중얼거리게.

이 교훈을 절대 잊지 말게. 아니, 머릿속을 이 생각만으로 채워버리게. 자네들 판단에 가장 적절하다고 생각되는 만큼을 저축하게. 하지만 적어도 10분의 1이 넘어야 하네. 필요하다면 소비 습관을 바꾸게. 돈이 생기면 가장 먼저 10분의 1을 떼어서 어딘가에 모아두게. 그렇게 한다면 자네만이 알고 있는 보물을 가졌다는 생각에 가슴이 뿌듯해질걸세. 돈이 한 푼씩 늘어날 때마다 자네 기쁨도 그만큼 늘어날걸세. 삶의 새로운 활기를 되찾게 될걸세. 더 많은 돈을 벌어야겠다는 의욕에 즐겁게 일할 수 있을걸세. 하지만 늘어난 수입에 대해서도 똑같은 비율로 저축하겠다고 생각하지는 않겠지?

둘째로 '돈이 돈을 만드는 법'을 배우게. 돈을 자네의 노예로 만들게. 돈으로 돈을 만들게. 그렇게 만들어진 돈으로 다시 돈을 만들게. 미래를 위한 안전한 수입원을 찾아보게.

주변의 노인들을 눈여겨보게. 자네들도 언젠가 노인이 된다는 사실을 잊지 말게. 행복한 노년을 보내고 싶다면, 지금부터라도 모은 돈을 안전한 곳에 투자하게. 지나친 고리를 약속하는 사람들의 유혹에 넘어가지 말게. 그런 사람은 십중팔구 사기꾼이니까.

그렇다고 결코 인색해서는 안 되네. 조그만 푼돈이라도 정기적으로 자선단체에 기부하게. 그 돈이야말로 자네들을 지켜주는 안전장치로 생각하게. 그 돈을 아낀다면 더욱 빨리 부자가 될 수 있을 것이라는 생각에 자선을 게을리하지 말게. 생각이 조금이라도 있는 사람이라면 내 말에 담긴 뜻을 충분히 이해할 수 있을 거네.

그리고 합당한 사람에게 조언을 구하게. 하루 일과가 돈을 다루는 것이 직업인 사람에게 조언을 구하게. 내가 벽돌 상인인 아즈무르에게 보석에 대한 판단을 맡겼던 것처럼, 엉뚱한 사람에게 조언을 구해 낭패를 볼 수야 없지 않은가. 따라서 수익이 적더라도 안전한 곳에 투자하는 것이 가장 바람직한 방법이라 생각하네.

이 땅에서 사는 동안이라도 즐겁게 살아야 되지 않겠나? 따라서 지나치게 많은 돈을 저축하겠다고 결심하고 궁핍하게 살지는 말게. 총수입에서 10분의 1 이상을 저축할 경우 생활에 큰 불편을 초래한다면, 그저 10분의 1을 저축하는 것에 만족하게.

자네 수입에 걸맞은 삶을 살게. 그렇다고 절대 인색한 사람이 되지는 말게. 돈쓰기를 두려워하는 사람이 되어서는 안 돼네. 얼마나 아름답고 신나는 세상인가? 이런 세상을 마음껏 즐겨야 되지 않겠나!"

친구들은 아카드에게 고맙다고 말한 후에 그의 집을 나섰다. 상상력이 부족해서 아카드의 조언을 이해하지 못한 친구들은 입을 다물고 묵묵히 걸을 뿐이었다. 개중에는 아카드가 옛 친구이기는 하지만 부자가 된 이후로 거만해졌다고 빈정대는 친구들도 있었다.

그러나 그를 보는 눈빛이 완전히 달라진 친구들도 있었다. 그들은 알가미쉬가 아카드를 필경실까지 찾아간 이유를 알 것만 같았다. 아카드의 행실에서 밝은 빛을 찾아 가난의 어둠을 벗어나겠다는 굳은 의지를 읽었기 때문이다. 그 빛을 찾았을 때 아카드는 절호의 기회를 만날 수 있었다.

그랬다, 기회는 아무에게나 오는 것이 아니었다. 그것은 행운이 아니었다. 기회는 준비된 사람에게 찾아오는 신의 선물이었다.

이렇게 생각한 친구들은 그 이후에도 기회가 닿을 때마다 아카드를 찾아 조언을 구했다. 아카드는 그들을 반갑게 맞아주며 조언을 아끼지 않았다. 알가미쉬가 그에게 가르쳐준 지혜와 그가 살면서 터득한 지혜를 아낌없이 친구들에게 나눠주었다.

또한 친구들이 모은 돈을 안전한 곳에 투자하도록 도와주었다. 덕분에 그들은 힘겹게 모은 돈을 잃지 않았고, 배당금을 나눠주지 못하는 곳에 돈을 묵히지 않을 수 있었다.

알가미쉬가 아카드에게, 그리고 아카드가 그들에게 전해준 진리를 깨달았던 그날이 친구들에게는 가난을 털고 일어나 부자의 길로 들어선 전환점이었다.

버는 것보다 덜 써라!
당신이 번 돈의 일부를 반드시 저축하라!

얄팍한 지갑에서 벗어나기 위한 7가지 비결

바빌론의 풍요는 지금 이 시대까지도 전설처럼 전해온다. 세계에서 가장 풍요로웠던 도시, 온갖 보물로 가득했던 도시……. 바빌론은 언제나 이런 식으로 묘사되어왔다.

그러나 전설처럼 바빌론이 항상 풍요로웠던 것은 아니다. 바빌론이 풍요를 누릴 수 있었던 것은 그 시대를 살았던 사람들이 보여준 지혜 덕분이었다. 어떤 의미에서 바빌로니아는 온 국민에게 부자가 되는 법을 가르친 최초의 문명국이었다.

사르곤 왕은 적들과의 전쟁을 끝내고 바빌론에 돌아오자마자 심각한 문제에 봉착하게 되었다. 국가의 재무를 담당한 대신은 바빌론이 심각한 지경까지 몰리게 된 이유를 이렇게 설명했다.

"폐하께서 관개수로를 건설하시고 신전을 세우셨기 때문에 저희는 오랫동안 번영을 누릴 수 있었습니다. 그런데 이제 이런 공사들이 모두 끝났기 때문에 시민들이 일할 곳을 찾지 못하고 있는 실정입니다. 쉽게 말씀드리면 많은 일꾼들이 실업자 신세를 면하지 못하고 있습니다. 따라서 장사꾼들도 손님이 줄어들어 걱정이고, 농부들은 곡식을 팔지 못하고 있습니다. 바빌론의 시민들이 먹을 것을 살 돈이 없기 때문입니다."

사르곤 왕이 물었다.

"우리가 대대적인 공사를 벌이면서 쏟아부은 황금들이 모두 어디로 갔단 말인가?"

재무대신이 대답했다.

"바빌론에서 손꼽히는 부자들의 손으로 넘어갔습니다. 염소의 우유가 여과기를 빠져나가듯이 모든 황금이 일꾼과 장사꾼의 손을 거쳐서 그들에게로 넘어갔습니다. 그 때문에 돈의 흐름이 막히고 말았습니다. 대다수의 시민은 돈을 구경조차 할 수 없지만, 소수의 부자들은 돈이 넘쳐날 지경입니다."

사르곤은 아무 말 없이 생각에 잠겼다. 그리고 한참 만에야 어렵게 입을 떼며 물었다.

"몇 안 되는 부자들이 그 많은 황금을 어떻게 벌어들일 수 있었을까?"

"그들은 방법을 알고 있었기 때문입니다. 그들이 정당한 방법으로 돈을 모았기 때문에 누구도 그들을 무작정 욕할 수는 없습니다. 정당하게 돈을 벌어들인 그들에게 강제로 돈을 빼앗아 가난한 사람에게 나눠준다면 그것은 결코 올바른 정치가 아닐 것입니다."

사르곤 왕이 다시 물었다.

"돈을 버는 방법을 모든 백성에게 가르쳐주면 어떨까? 그럼 모든 백성이 부자가 될 것이 아닌가!"

"그렇습니다. 하지만 누가 백성에게 돈버는 방법을 가르쳐줄 수 있겠습니까? 성직자는 절대 아닙니다. 그들이 언제 제 손으로 돈을 벌어본 적이 있습니까?"

"그럼 바빌론에서 어떤 사람이 돈버는 방법을 가르쳐줄 적임자라 생각하나?"

"폐하, 폐하의 질문 속에 바로 대답이 있습니다. 누가 바빌론에서 가장 부자라고 생각하십니까?"

"그 사람은 나도 잘 알고 있네. 바로 아카드가 아닌가? 그가 이 바빌론에서 가장 부자이지. 좋아, 그를 내일 아침까지 내 앞에 데려오도록 하게."

다음 날, 아카드는 왕의 부름을 받아 아침 일찍 궁전에 들어왔다. 그는 이미 일흔의 나이였지만 여전히 원기 왕성한 모습이었다.

사르곤 왕이 말했다.

"아카드, 자네가 정말로 이 바빌론에서 가장 부자인가?"

"폐하, 제가 알기로는 그렇습니다."

"어떻게 그처럼 부자가 될 수 있었나?"

"기회를 이용한 덕분입니다. 물론 그 기회가 저에게만 찾아온 것은 아니었습니다. 바빌론의 모든 시민에게 찾아온 기회를 저는 놓치지 않았을 뿐입니다."

"자네가 무일푼으로 시작했다는 소문도 사실인가?"

"그렇습니다. 부자가 되겠다는 꿈 이외에는 아무것도 없었습니다."

"아카드, 지금 바빌론은 아주 난처한 지경에 빠져 있네. 자네처럼 돈버는 방법을 알고 있는 몇몇 부자들이 돈을 거의 독점하고 있기 때문일세. 자네도 알겠지만, 대부분의 백성이 벌어들인 돈을 지키는 방법을 전혀 모르고 있는 실정이네. 내 꿈이 무엇인 줄 아는가? 바빌론을 세상에서 가장 부자인 도시로 만드는 것일세. 그렇게 되자면 이 도시에 부자가 많아야 되겠지. 그러니까 모든 백성에게 부자가 되는 법, 즉 돈버는 방법을 가르쳐주고 싶네. 아카드, 솔직하게 말해주게. 돈을 버는 데 어떤 비결이라도 있는가? 그 비결을 모든 백성에게 가르쳐줄 수 있겠나?"

"물론입니다, 폐하. 제가 알고 있는 것을 어찌 다른 사람들에게 가르쳐주지 않을 수 있겠습니까?"

사르곤 왕이 눈빛을 반짝이며 말했다.

"고맙네, 내가 듣고 싶었던 대답일세. 자네가 이 일을 맡아줄 수 있겠나? 자네가 알고 있는 것을 학교의 선생들에게 가르쳐주고, 선생들이 내 땅의 방방곡곡을 돌아다니며 온 백성에게 그 지식을 가르칠 사람들을 훈련시킨다면 내 꿈을 이룰 수 있지 않겠나?"

아카드는 허리를 깊이 숙이며 대답했다.

"폐하의 말씀대로 하겠습니다. 제 동포와 폐하의 영광을 위해서 제가 알고 있는 모든 것을 기꺼이 나눠주겠습니다. 재무대신께 부탁드리겠습니다. 100명이 들어갈 수 있는 교실을 준비해주십시오. 제 지갑을 두툼하게 해준 7가지 비결을 그들에게 가르치겠습니다."

보름 후, 왕의 명령에 따라 신중히 선발된 100명이 배움의 전당이란 교실에 모였다. 아름답게 채색된 의자들이 강단을 바라보며 반원형으로 놓여 있었다. 아카드는 조그만 탁자 옆에 앉아 있었고, 탁자 위에 놓인 향로에서는 머리를 맑게 해주는 향이 피어오르고 있었다.

아카드가 의자에서 일어서자, 한 사람이 옆 사람을 팔꿈치로 슬쩍 찌르며 작은 소리로 말했다.

"바빌론에서 제일가는 부자라고 해야 별 것 없잖아. 우리와 별로 다를 바가 없어."

아카드가 강연을 시작했다.

"위대한 사르곤 왕의 충성스런 신하로서 나는 여러분 앞에 섰습니다. 나도 옛날에는 황금을 꿈꾸었던 가난한 젊은이에 불과했지만 황금을 벌어들이는 지혜를 깨달은 덕분에, 사르곤 왕은 내 지혜를 여러분에게 나눠주기를 원하셨습니다.

나는 아주 보잘것없이 시작했습니다. 여러분, 아니 바빌론의 여느 시민보다 특별히 나을 것이 없었습니다. 닳아빠진 지갑이 내게 가장 소중한 보물창고였습니다. 그러나 거의 언제나 텅 비어 있는 지갑이 나는 지긋지긋하도록 싫었습니다. 나는 그 지갑을 황금으로 가득 채우고 싶었습니다. 그 얄팍한 지갑을 두툼하게 만들어줄 수 있다면 어떤 일이라도 해내겠다고 결심했습니다. 그리고 그 7가지 비결을 찾아냈습니다.

지금 이 자리에 모인 여러분에게, 그 7가지 비결을 설명해드리려 합니다. 얄팍한 지갑을 두툼하게 만드는 비결입니다. 여러분을 부자로 만들어줄 비결입니다. 앞으로 이레 동안, 하루에 하나씩 여러분에게 그 비결, 아니 여러분을 가난에서 벗어나게 해줄 치유책을 설명해드릴 생각입니다.

내가 오늘부터 가르칠 지혜에 귀를 기울이십시오. 조금이라도 의문이 생기면 주저 말고 질문하십시오. 그리고 여러분의 삶을 돌이켜볼 기회를 가지십시오. 내가 여러분에게 가르치는 교훈을 여러분의 머리와 가슴에 철저하게 새기십시오. 그때서야 여러분의 지갑에 부의 씨앗을 뿌릴 수 있을 것입니다. 먼저 여러분이 그 씨를 제대로 뿌려야 합니다. 그리고 남부럽지 않은 부자가 되어야 합니다. 그래야 바빌론의 모든 시민들에게 부자가 되는 길을 가르쳐줄 수 있지 않겠습니까!

이제부터 여러분에게 지갑을 두툼하게 해줄 방법을 알려드리도록 하겠습니다. 생각보다 어렵지 않습니다. 생각하기에 따라서 너무나 간단할 수도 있습니다. 그러나 부의 성전을 향해 다가가는 첫걸음입니다. 첫걸음을 떼지 않고서 어찌 먼 길을 갈 수 있겠습니까? 이제 첫번째 비결부터 살펴봅시다."

 첫번째 비결 - 일단 시작하라

아카드는 두 번째 열에서 심각한 표정으로 앉아 있는 사내를 가리키며 물었다.

"이보게, 자네는 무슨 일을 하나?"

"저는 서생입니다. 토판에 기록을 새기는 사람입니다."

"그렇구먼. 나도 바로 그런 일을 하면서 처음 돈을 벌었지. 그러니까 자네도 나처럼 부자가 될 가능성을 지닌 사람일세."

이번에는 훨씬 뒤쪽에 앉은 혈색좋은 사내를 가리키며 아카드가 물었다.

"자네는 어떤 일로 밥벌이를 하는가?"

"저는 백정입니다. 시골 사람들이 키우는 염소를 사서 도살한 다음에, 고기는 주부들에게 팔고 가죽은 구두 만드는 사람들에게 팝니다."

"자네가 직접 일하면서 돈을 번다는 뜻이구먼. 나도 그랬지. 그러니까 자네도 나처럼 부자가 될 가능성이 있는 사람일세."

아카드는 모두에게 어떻게 돈을 버느냐고 묻고 각각의 대답을 들은 후 이렇게 말했다.

"여러분도 들었겠지만, 우리는 나름대로 땀을 흘리면서 돈을 벌고 있습니다. 거꾸로 말하면 돈을 벌 수 있는 방법이 많다는 뜻입니다. 그 방법들 하나하나가 여러분의 지갑을 채워주는 황금 물줄기라 할 수 있습니다. 여러분이 흘리는 땀방울이 여러분의 지갑을 채워주는 황금이라 할 수 있습니다. 물론 여러분의 능력에 따라 그 양이 다르지만 말입니다. 그렇게 생각지 않습니까?"

아카드의 질문에 모두가 고개를 끄덕였다.

"여러분이 현재 종사하고 있는 일을 부의 원천이라 생각한다면, 그리고 여러분이 진정으로 부자가 되고 싶다면, 어디에서 시작해야 되겠습니까? 바로 여러분이 현재 땀을 흘리고 있는 일에서 시작해야 되지 않을까요?"

이번에도 모두가 고개를 끄덕였다. 그러자 아카드는 달걀상인에게 눈길을 던지며 물었다.

"만약 자네가 매일 아침 10개의 달걀을 소쿠리에 담아서 저녁까지 9개의 달걀만을 꺼낸다면 어떻게 되겠나?"

"며칠이 지나지 않아 소쿠리가 가득 채워질 겁니다."

"왜 그럴까?"

"매일 달걀이 하나씩 늘어나니까요!"

아카드는 환한 미소를 띤 얼굴로 학생들을 바라보며 물었다.

"여러분의 지갑은 어떻습니까? 텅 비어 있나요?"

모두가 히죽 미소를 지었다. 그리고 모두가 허탈한 웃음을 지었다. 마침내는 그들의 얄팍한 지갑을 장난스레 흔들어 보이기도 했다.

"알겠습니다. 이제 그 얄팍한 지갑에서 벗어날 수 있는 첫번째 비결을 알려드리도록 하겠습니다. 내가 방금 달걀상인에게 말했던 대로 하십시오. 만일 여러분의 지갑에 10개의 동전이 들어 있다면 9개만 꺼내도록 하십시오. 이렇게 한다면 여러분의 지갑은 금세 두툼해질 겁니다. 지갑이 안겨주는 그 묵직한 느낌이 여러분을 곧 기분좋게 해줄 겁니다. 그리고 여러분의 영혼까지 만족시켜줄 겁니다.

이 방법이 너무나 간단하다고 생각하나요? 하지만 그렇

게 우습게 생각지 마십시오! 진리는 언제나 간단하고 단순한 것입니다. 내가 어떤 상태에서 시작했는지 이미 말씀드렸습니다. 처음에는 나도 여러분과 마찬가지였습니다. 욕망을 채워주기에는 한없이 부족한 내 얄팍한 지갑을 원망하기도 했습니다. 하지만 내 지갑에서 10분의 9만 꺼내 쓰기 시작하면서 나는 부자가 될 수 있었습니다. 여러분이라고 못할 이유가 있겠습니까?

아주 이상한 이야기 하나를 해드리겠습니다. 나는 내 수입의 10분의 9만으로 살았지만 생활은 예전과 달라지지 않았습니다. 오히려 예전보다 궁핍하지 않았습니다. 그때부터 돈을 훨씬 쉽게 벌 수 있었습니다. 그 이유가 무엇인지는 모르겠습니다. 어쩌면 신의 법칙일지도 모르겠습니다. 수입의 일정 부분을 쓰지 않고 저축하는 사람에게는 돈도 쉽게 벌립니다. 그러나 지갑이 텅 비어 있는 사람에게는 황금마저도 피해서 달아납니다.

여러분이 가장 바라는 것이 무엇입니까? 보석과 멋진 옷, 맛있는 음식처럼 순간적으로 여러분에게 만족감을 주고 이내 덧없이 사라지고 잊혀지는 것들입니까? 아니면 황금과 땅과 양떼처럼 끊임없이 수입을 보장해주는 알찬 재산입니까? 명심하십시오. 여러분이 지갑에서 꺼내 쓰는 돈은 첫 번째 것을 주겠지만, 지갑에 남아 있는 돈은 두 번째 것을 주게 될 것입니다.

여러분, 얄팍한 지갑에서 벗어나는 첫번째 비결은 '내 지갑에 있는 10개의 동전 중 9개만 써라!' 입니다. 이 비결을 여러분들끼리 논의해보십시오. 이 비결에 문제가 있다고 생각되면, 내일 우리가 다시 만날 때 기탄없이 그 문제점을 제기하십시오."

 두 번째 비결 – 지출을 관리하라

"어제 강의가 끝난 후 내게 이렇게 질문한 사람이 있었습니다. '벌어들인 돈을 몽땅 써도 먹고 살기 힘든데 어떻게 10분의 1씩이나 저축할 수 있겠느냐?' 오늘은 이 문제를 생각해보도록 하겠습니다."

둘쨋날, 아카드는 이렇게 시작하며 학생들에게 물었다.

"어제 여러분의 지갑은 어땠습니까? 몇 사람이나 빈 지갑이었습니까?"

"우리 모두가 빈 지갑이었습니다."

"그랬습니까? 이제 이런 생각을 해봅시다. 여러분 모두가 똑같은 양의 돈을 버는 것은 아닙니다. 다른 사람보다 더 많은 돈을 버는 사람이 있을 것입니다. 가족을 부양하기에 충분한 돈을 버는 사람도 있을 것입니다. 그런데 여러분 모두의 지갑이 얄팍한 이유가 무엇일까요?

아주 소중한 진리 하나를 알려드리겠습니다. 우리가 '불가피한 지출'이라 생각하는 것들이 있습니다. 그런데 우리가 욕망을 억제하지 않으면 그 불가피한 지출은 수입에 따라 증가한다는 사실입니다.

그렇습니다, 불가피한 지출과 여러분의 욕구를 혼돈해서는 안 됩니다. 누구나 멋지게 살고 싶어합니다. 여러분의 수입이 보장해줄 수 있는 욕구 이상의 것을 원합니다. 따라서 수입이 늘어날수록 욕구 충족을 위한 소비도 늘어나게 마련입니다. 그러나 욕망은 욕망을 낳습니다. 우리는 사람이기 때문에 욕망이라는 짐을 지고 살아야 합니다. 내가 바빌론에서 제일가는 부자이기 때문에 모든 욕구를 충족시키며 산다고 생각하십니까? 그렇지 않습니다. 절대로 그렇지 않습니다. 그렇게 하기에는 이제 시간이 부족하기 때문입니다. 그렇게 하기에는 내 힘이 부치기 때문입니다. 내가 여행을 한다면 얼마나 할 수 있겠습니까? 내가 먹어야 얼마나 먹을 수 있겠습니까? 내가 즐겨보았자 얼마나 즐길 수 있겠습니까?

농부가 씨를 뿌리고 남은 공간에는 어김없이 잡초가 자랍니다. 이처럼 우리가 만족감을 찾는 곳에서는 어김없이 욕망이 얼굴을 내밉니다. 하지만 우리가 충족시키고 싶은 욕망은 헤아릴 수 없이 많고 정작 우리가 만족시킬 수 있는 욕망은 극소수에 불과합니다.

그럼 어떻게 해야 할까요? 먼저 여러분의 생활 습관을 냉정하게 살펴보십시오. 지혜롭게 처신한다면 줄일 수 있거나, 아예 없앨 수 있는 지출이 있을 것입니다.

'동전 한 닢까지 100퍼센트의 가치를 창출하도록 살겠다!' 이런 결심을 여러분의 좌우명으로 삼으십시오.

여러분이 돈을 써서라도 충족시키고 싶은 욕구를 토판에 적어보십시오. 그 중에서 반드시 필요한 것과, 수입의 9할만으로도 충족시킬 수 있는 것을 신중히 골라내십시오. 이때 선택되지 않은 것은 지워버리고 잊으십시오. 여러분이 부자가 되는 데 방해되는 것이라 생각하십시오. 한낱 쓸데없는 욕망이라 생각하십시오.

수입의 90퍼센트만으로 예산을 세우십시오. 여러분의 지갑을 살찌워줄 나머지 10분의 1은 절대 건드리지 마십시오. 여러분이 반드시 충족시켜야 할 욕망이 있다면 바로 이것입니다. '수입의 1할은 절대 건드리지 않겠다!' 수입의 9할로 짠 예산에 맞춰 생활하십시오. 그때서야 여러분의 지갑도 두툼해질 수 있을 것입니다."

아카드가 이렇게 말하자, 꽤 화려한 옷을 입은 사내가 벌떡 일어나 말했다.

"저는 노예가 아니라 자유인입니다. 이 세상에 널려 있는 좋은 것들을 마음껏 즐길 권리가 있다고 생각합니다. 그런데 어떻게 예산의 노예가 될 수 있겠습니까? 꽉 짜여진 예산에 맞춰서 꼭 필요한 것만 사고 나머지 것들은 즐길 수 없다면 결국 노예와 다를 바가 무엇이겠습니까? 저는 즐거운 삶을 살고 싶습니다. 저는 무거운 짐을 의무적으로 짊어져야 하는 노새가 아닙니다. 마음껏 자유를 누리며 살고 싶습니다."

아카드가 이내 대답했다.

"이보게, 자네 예산을 누가 짜는가?"

"그거야 당연히 제가 짜지요!"

"만약 사막을 횡단해야 하는 노새가 스스로 짐을 꾸린다면 보석과 황금덩이와 값비싼 융단을 먼저 생각하겠나, 아니면 먹을 것과 마실 물을 먼저 챙기겠나? 예산을 짜는 목적은 지갑을 살찌우기 위한 것일세. 자네에게 반드시 필요한 것을 먼저 장만하고, 그렇게 하고도 여유가 있을 때 다른 욕망을 채우는 합리적인 삶을 위한 것일세. 덧없는 순간적인 욕망을 애초부터 제거함으로써 자네에게 가장 소중한 욕망이 무엇인지 깨닫게 해주는 것일세. 어두운 동굴을 밝혀주는 횃불처럼 예산은 지갑에서 구멍난 곳을 보여주면서 그곳을 막도록 해주는 것이네. 한마디로 예산은 자네에게 적재적소에 필요한 만큼만의 돈을 지출하도록 관리해주는 보호장치일세."

이렇게 대답하고 아카드는 학생들에게 눈길을 돌리며 결

론지어 말했다.

"이제 얄팍한 지갑을 두툼하게 해주는 두 번째 비결을 정리해봅시다. 수입의 90퍼센트 내에서 예산을 짜십시오. 그 범위 내에서 반드시 필요한 것을 구입하고, 남은 돈으로 삶을 즐기십시오. 그것도 보람있는 일에 말입니다. 예산이 여러분의 지출을 관리해준다는 사실을 잊지 마십시오."

 세 번째 비결 – 돈을 굴려라

"이 강의를 시작한 지 오늘로 벌써 사흘째입니다. 여러분의 지갑이 약간은 두툼해졌습니까? 나는 여러분에게 벌어들인 돈에서 10분의 1을 반드시 저축하라고 말했습니다. 그리고 점점 늘어나는 돈을 안전하게 지키기 위해서 지출을 관리하라고 말했습니다.

오늘은 그렇게 모은 돈을 굴려서 늘려가는 방법에 대해 공부해보도록 합시다. 지갑이 두둑해지면 그 자체로도 뿌듯한 기분이 됩니다. 먹지 않아도 배가 부른 기분입니다. 그러나 우리가 저축해서 모은 돈은 시작일 뿐입니다. 다시 말해서 돈을 벌어주는 돈입니다. 그래서 종잣돈이라 불리기도 합니다."

셋쨋날 아카드는 이렇게 강의를 시작했다.

"그런데 돈을 어떻게 이용해야 할까요? 어떻게 해야 돈이 돈을 벌 수 있을까요? 이것이 바로 투자라는 것입니다. 나는 쓰라린 경험을 했습니다. 내 첫 투자는 처절한 실패였습니다. 한 푼도 건질 수 없었습니다. 이 이야기는 나중에 해드리겠습니다. 그러나 아가르라는 방패상인에게 돈을 꾸어주고 첫 수익을 올릴 수 있었습니다. 그는 매년 한 번씩 해외에서 들여오는 청동을 사서 방패를 만들었습니다. 그런데 그해에는 충분한 청동을 사들일 자금이 부족했던 까닭에 그는 여기저기에서 돈을 꾸었습니다. 그는 신용있는 사람이었기 때문에 방패를 팔아 번 돈으로 착실하게 이자를 갚았습니다.

나는 그에게 이자를 받을 때마다 그 돈을 그에게 다시 빌려주었습니다. 덕분에 내 자본은 나날이 늘었고 이자까지 덩달아 늘어났습니다.

그때 내 기분이 어땠겠습니까? 맛있는 음식으로 욕망을 채웠다면 그때의 만족감은 하루를 넘기지 못했겠지만, 내 재산이 나날이 늘어나고 있다는 생각은 내게 한없는 만족감을 주었습니다.

여러분! 한 사람의 재산은 지갑에 넣고 다니는 돈의 액수에 있는 것이 아닙니다. 그가 신중하게 투자한 수입원, 다시 말해서 계속해서 그의 지갑을 불룩하게 채워주는 황금 물줄기에 있는 것입니다. 모두가 그런 수입원을 갖고 싶어합니다. 여러분도 예외가 아닐 것입니다. 일을 할 때나 멀리 여행을 즐길 때도 지갑을 꾸준히 채워주는 수입원을 원하지 않는 사람이 어디 있겠습니까?

나는 그런 수입원을 만들었습니다. 그 수입원이 하루에도 엄청난 돈을 벌어들이고 있기 때문에 사람들이 나를 엄청난 부자라고 말하는 것입니다. 아가르에게 돈을 빌려준 것은 내게 소중한 경험이었습니다. 안전한 곳에 투자할 때 수익을 올릴 수 있다는 진리를 깨우쳐준 소중한 경험이었습니다.

자본이 늘어나면서 당연히 투자액수도 늘어났습니다. 점점 더 많은 사람에게 돈을 빌려줄 수 있었습니다. 한 줄기에서 흘러들어오던 황금이 여러 줄기에서 흘러들어오면서 내 지갑은 하루가 다르게 불룩해졌습니다.

하지만 처음에는 적은 돈이었습니다. 얼마라고 말하기에도 부끄러울 정도로 적은 돈이었습니다. 그러나 적은 돈으로 시작했습니다. 그러자 돈이 돈을 벌어주었습니다. 그렇게 벌어들인 돈이 다시 돈을 벌어주었습니다. 그야말로 황금사슬을 이루었습니다. 급기야 처음 시작할 때는 상상조차 할 수 없었던 액수로 불어났습니다. 이렇게 어느 정도까지 모이면 그때부터는 눈덩이처럼 불어나는 것이 바로 돈입니다.

이것에 관한 아주 재미있는 우화를 소개하겠습니다.

한 농부가 첫 아들을 낳았을 때 은화 10개를 대금업자에게 맡기며, 아들이 20살이 될 때까지 적절한 이자를 붙여 그 돈을 적절한 곳에 투자해달라고 부탁했습니다. 대금업자는 농부의 청을 기꺼이 받아들이며, 4년마다 원금의 2할 5푼을 이자로 주겠다고 했습니다.

하지만 농부는 그 돈을 아들의 몫으로 따로 떼어둔 것이기 때문에 이자까지 원금에 합해달라고 요청했고, 대금업자는 그 청을 받아들였습니다. 아들이 20살이 되던 해, 농부는 대금업자를 찾아가서 그 돈에 대해 물었습니다. 대금업자는 이자가 복리로 붙어 은화 10개가 31.5개로 불어났다고 대답했습니다. 농부는 무척이나 기뻤습니다. 하지만 아들에게는 당장 돈이 필요하지 않아 농부는 그 돈을 다시 대금업자에 맡겼습니다.

아들이 50살이 되었을 때 농부가 세상을 떠나자 대금업자는 모두 167개의 은화를 아들에게 청산해주었습니다. 간단히 말해서 50년 동안 이자에 이자가 붙어서 거의 17배의 수익을 올린 것입니다.

여기에서 우리는 얄팍한 지갑에서 벗어날 수 있는 세 번째 비결을 배우게 됩니다.

초원에서 풀을 뜯는 양들이 새끼 양을 낳듯이 '돈으로 돈을 낳으십시오.' 여러분의 지갑을 계속해서 채워줄 수입원을 만드십시오."

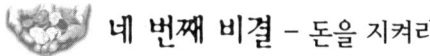 네 번째 비결 – 돈을 지켜라

 아카드는 넷쨋날에도 정시에 강의실에 도착해서 네 번째 강의를 시작했다.

 "불행을 안겨주는 신은 반짝이는 것을 좋아합니다. 그 사악한 신에게 돈을 빼앗기지 않으려면 여러분 지갑 속의 황금을 굳건히 지켜야 합니다. 그렇지 않으면 여러분이 의식하지도 못한 사이에 그것들은 사라지고 말 것입니다. 따라서 적은 돈이라도 소중히 생각하는 마음을 가져야 합니다. 그래야 신께서 여러분에게 큰돈을 안심하고 맡기시지 않겠습니까?

 황금을 가진 사람은 유혹을 받게 마련입니다. 그럴 듯한 감언이설로 여러분에게 커다란 이익을 보장해주겠다고 유혹하는 사람들이 찾아오게 마련입니다. 친구나 친척까지도 그럴 듯한 제안으로 여러분에게 투자하라고 유혹할 것입니다.

 그러나 투자의 1원칙은 원금의 안전성입니다. 커다란 수익을 약속하더라도 원금이 사라진다면 무슨 소용이겠습니까? 그런 투자는 결코 현명한 투자가 아닙니다. 실패의 대가는 원금의 상실일 것입니다. 여러분이 힘겹게 모은 돈을 투자하기 전에 신중히 생각하고 또 생각하십시오. 원금의 안전성이 보장되는 곳을 찾으십시오. 하루라도 빨리 부자가 되겠다는 욕심 때문에, 남들보다 빨리 부자가 되겠다는 조급함 때문에 실패의 좌절에 빠져들지 않도록 조심하십시오.

누군가에게 돈을 빌려주기 전에, 그 사람의 능력과 됨됨이를 따져보십시오. 어떤 사업에 투자하기 전에, 그 사업의 위험성을 따져보십시오.

나는 첫 투자에서 처절한 실패를 맛보았습니다. 페니키아로 여행을 떠나는 벽돌상인, 아즈무르에게 1년 동안 힘겹게 모은 돈을 맡기며 희귀한 보석을 사달라고 했습니다. 우리는 그 보석을 팔아 남은 이익을 절반씩 나눠 갖기로 했습니다. 그러나 페니키아 사람들은 사기꾼들이었습니다. 아즈무르에게 싸구려 유리 조각을 희귀한 보석인 양 팔았던 것입니다.

결국 첫 투자는 비극으로 끝나고 말았습니다. 하지만 나는 그것에서 아주 소중한 교훈을 얻었습니다. 벽돌상인에게 보석을 사달라고 부탁하다니, 이 얼마나 어리석은 짓이었습니까!

그 실패에서 내가 어떤 교훈을 얻었을까요? 그 교훈은 이렇게 정리해볼 수 있습니다. 투자할 곳을 결정할 때 여러분 개인의 지혜를 지나치게 과신하지 마십시오. 해당 분야에서 충분한 경험을 쌓은 사람에게 조언을 구하십시오. 훌륭한 조언은 당신이 투자하는 돈만큼이나 가치있는 것입니다. 훌륭한 조언을 받아들여 실패하지 않는 것만으로 조언은 그

역할을 다한 것입니다.

이것이 여러분을 얄팍한 지갑에서 벗어나게 해줄 네 번째 비결입니다. 두둑하게 채워진 지갑을 지키는 것도 무척이나 중요한 일이기 때문입니다. '원금을 안전하게 지켜줄 곳에, 언제라도 원금을 회수할 수 있는 곳에, 또한 적정한 이자를 확실하게 보장받을 수 있는 곳을 찾아 투자하십시오.' 그래야 여러분의 돈을 지킬 수 있습니다. 현명한 사람에게 조언을 구하십시오. 해당 분야에서 충분한 경험을 갖춘 사람에게 조언을 구하십시오. 그들의 지혜로운 조언이 여러분의 돈을 지켜줄 것이기 때문입니다."

다섯 번째 비결 - 당신의 집을 가져라

"수입의 9할만으로 삶을 꾸려간다면, 게다가 그 9할에서 일정한 몫을 수익성있는 곳에 투자할 여력이 있다면, 여러분은 재산을 눈덩이처럼 신속히 불려갈 수 있을 것입니다."

아카드는 다섯 번째 강의를 이렇게 시작했다.

"바빌론 남자들은 열악한 환경에서 가족을 부양하며 살아가고 있습니다. 비싼 임대료를 집주인에게 지불하지만, 여자의 가슴을 따뜻하게 해주는 화초를 키울 공간조차 아내에게 허락할 수 없는 비좁은 오두막일 뿐입니다. 그 때문에 아이들은 먼지가 풀썩대는 길에서 노는 수밖에 없습니다. 하지만 아이들이 깨끗한 땅에서 뛰놀 수 없고, 아내가 가족을 위해 화초와 채소를 키울 수 없다면, 어찌 인간다운 삶을 누린다고 말할 수 있겠습니까?

내 무화과나무에서 자라는 달콤한 열매를 따먹을 수 있다면, 내가 키운 포도나무에서 새콤한 포도를 따먹을 수 있다면 얼마나 풍요로운 삶이겠습니까? 내 집과 내 집터! 이처럼 나만의 공간을 가질 수 있다면 뿌듯한 자부심과 자신감이 저절로 생길 것이고, 어떤 일을 하더라도 최선을 다할 수 있을 것입니다.

따라서 나는 여러분에게 이렇게 조언해주고 싶습니다. '여러분과 여러분의 가족을 안전하게 지켜줄 집을 마련하십시오.' 위대한 사르곤 왕께서 바빌론의 성곽을 얼마나 많이 넓혀놓았습니까? 바빌론 내에는 아직도 개간되지 않은 땅이 얼마든지 있습니다. 또한 합리적인 가격으로 사들일 수 있는 땅이 얼마든지 있습니다.

집과 땅을 사들일 돈이 없다고요? 물론 한 푼의 돈도 없다면 곤란하겠지만 여러분이 가족을 위한 공간을 마련하는 데 필요한 액수의 적정한 몫을 준비해두고 있다면 어떤 대금업자라도 부족한 돈을 기꺼이 빌려줄 것입니다. 집이 완성된 후에 집주인에게 지불하던 집세 정도를 대금업자에게 지불한다면 오랜 세월이 지나지 않아 여러분은 모든 빚을 청산하고 어엿한 집주인이 될 수 있습니다. 그때부터 재산세만 납부한다면 여러분은 상당한 재산가가 되는 것입니다. 여러분은 물론이고 가족들이 얼마나 기뻐하겠습니까? 여러분의 내의를 빨기 위해 강가로 나갈 때마다 여러분의 아내는 양가죽 부대에 물을 가득 채워와 화초와 채소에 뿌려주는 즐거움을 누릴 수 있을 것입니다.

자기 집을 가진 사람은 여러모로 이익이 많습니다. 무엇보다 여러분의 허리를 휘게 만들던 임대료에서 벗어날 수 있어 생활비가 줄어들 것입니다. 그러면서도 훨씬 풍요로운 삶을 누릴 수 있을 것입니다. '당신만의 집을 가지십시오!' 이것이 얄팍한 지갑에서 벗어날 수 있는 다섯 번째 비결입니다."

 여섯 번째 비결 – 미래의 수입원을 찾아라

다음 날에도 아카드의 여섯 번째 강의는 어김없이 시작되었다.

"모든 사람은 갓난아기로 태어나 늙어서 죽게 마련입니다. 삶의 행로는 그런 것입니다. 신께서 그를 천국으로 일찌감치 부르지 않는 한 어떤 사람도 이 운명에서 벗어날 수 없습니다. 따라서 사람이라면 더 이상 일하지 못할 때를 대비해서 적절한 수입원을 마련해둘 의무가 있다고 생각합니다. 또한 갑자기 가족의 곁을 떠나게 될 때 남은 가족이 편안하고 안락하게 살 수 있도록 대비해두는 것도 마땅한 의무라 생각합니다. 시간이 흘러 여러분이 육체적으로나 정신적으로 예전보다 못할 때도 여러분의 지갑을 두둑하게 유지하고 싶다면 이 교훈을 잊지 마십시오.

부자가 되는 법칙을 깨우쳐서 먹고살기에 충분한 돈을 벌어들이는 사람이라도 미래를 생각해야만 합니다. 늙은 후에도 안락한 삶을 보장해줄 수 있는 확실한 투자 계획을 세워야 합니다. 그래야 지혜로운 사람이 아니겠습니까!

미래를 위한 안전장치로는 여러 가지 방법이 있습니다. 아무도 모르는 곳에 비밀리에 재산을 묻어둘 수도 있겠지만, 만에 하나라도 그곳이 발각된다면 도둑의 전리품이 되고 말 것입니다. 따라서 나는 이 방법을 권하고 싶지는 않습니다.

또한 집을 사거나 땅을 사두는 방법도 있을 것입니다. 미래의 효용성이나 가치를 올바로 판단해서 제대로 선택한다면 그 가치를 그대로 유지하면서 일정한 수입을 보장받을 수도 있고, 적절한 값에 되팔 수도 있을 것입니다.

약간의 돈을 대금업자에게 빌려주고 그 액수를 조금씩 불려가는 방법도 있습니다. 대금업자가 지급하는 이자는 원금에 덧붙여지기 때문입니다.

안산이라는 한 신발상인이 있었습니다. 안산은 8년 동안 매주 은화 2개를 대금업자에게 맡겼습니다. 안산은 최근에 그 돈을 찾았습니다. 얼마나 되었을까요? 안산은 예상치 못한 엄청난 돈을 돌려받았습니다. 4년마다 2할 5푼의 이자가 붙었던 까닭에, 처음에 2개의 은화로 시작했던 것이 1,040개의 은화로 불어나 있었습니다.

만약 안산이 그 돈을 다시 12년 동안 대금업자에게 맡긴다면, 그리고 예전처럼 매주 은화 2개씩을 정기적으로 맡긴다면 그 결과가 어떻게 될까요? 내가 대략 계산해본 바에 따르면 무려 4,000개의 은화가 됩니다. 이 정도라면 여생을 편안히 지낼 만한 돈이 아닐까요?

정기적으로 적은 돈을 투자하는 것도 놀라운 수익을 보장해줍니다. 지금 먹고살기도 힘든데 미래를 위해 투자할 돈이 어디 있느냐고 불평하지 마십시오. 작게 시작하십시오. 첫날 말한 대로 여러분의 수입에서 10분의 1을 따로 떼어두더라도 삶을 살아가는 데는 커다란 차이가 없습니다. 그러나 그 10분의 1은 여러분의 노년을 행복하게 만들어줄 씨앗이 될 것입니다.

아주 중요한 부분이기 때문에 좀더 말씀드려야 되겠습니다. 나는 미래의 언젠가는 아주 합리적인 제도가 생기리라 생각합니다.

가령, 이런 것들입니다. 많은 사람이 하나의 친목단체와 비슷한 것을 만들어 죽음 이후를 대비하는 것입니다. 회원들이 매달 정기적으로 약간의 돈을 갹출해서 모아두고, 어떤 회원이 갑작스레 세상을 떠나게 될 때 그 가족에게 상당한 액수의 목돈을 보장해주는 방법입니다.

내 생각에 이것은 무척이나 바람직한 방법입니다만, 아직은 시기상조인 듯합니다. 이 방법을 운영하자면 미리 준비해야 할 것이 많기 때문입니다. 무엇보다 이 방법을 운영하는 단체가 왕의 옥좌처럼 안정되고 견실해야 하기 때문입니다. 하지만 언젠가 이 방법이 제도화될 때가 오리라 믿습니다. 그때가 되면 모든 사람에게 커다란 축복이 될 것입니다. 적은 돈이 모여서, 세상을 떠난 회원의 가족에게 안락한 미래를 보장해주는 넉넉한 돈을 마련해줄 수 있다고 생각해보십시오. 얼마나 커다란 축복입니까?

하지만 우리는 그 시대에 살고 있지 않습니다. 그러므로 개인적으로라도 이 방법을 사용하십시오. 조금씩 모아서 큰돈을 만드십시오. 노동 능력을 상실한 사람에게, 가장을 잃은 가족에게 남은 것이 얄팍한 지갑뿐이라면 그야말로 비극이 아니겠습니까?

얄팍한 지갑에서 벗어날 수 있는 여섯 번째 비결이 바로 이것입니다. 노후를 미리 준비하십시오. 여러분 가족의 안락한 삶을 위해서라도 미리 준비하십시오."

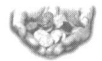 일곱 번째 비결 – 돈버는 능력을 키워라

 "오늘은 얄팍한 지갑에서 여러분을 벗어나게 해줄 가장 중요한 비결을 말씀드리려 합니다. 하지만 오늘 강의는 돈에 대한 것이 아닙니다. 여러분의 마음가짐에 대한 것입니다. 내 앞에 각양각색의 옷을 입고 있는 여러분에 대해서 말씀드리려 합니다. 여러분의 성공을 결정짓는 것은 황금의 양이 아닙니다. 여러분의 마음가짐이며 세상을 살아가는 방식입니다."

 아카드는 일곱 번째 강의, 즉 마지막 강의를 이렇게 의미심장한 말로 시작했다.

 "얼마 전에 한 젊은 친구가 내게 돈을 빌리러 왔습니다. 나는 그 친구에게 돈이 필요한 이유를 물었습니다. 그 친구의 대답이 걸작이더군요. 이마에 땀이 솟도록 열심히 일하지만 봉급만으로는 지출을 감당하기에 턱없이 부족하다는 것이었습니다. 솔직히 말해서 대금업자에게 그런 사람은 반갑지 않은 손님입니다. 항상 돈이 부족해서 쩔쩔매는 사람을 어떻게 믿을 수 있겠습니까? 그런 사람이 내게 빌린 돈을 어떻게 되갚을 수 있겠습니까?

 그래서 나는 그 젊은 친구에게 이렇게 물었습니다.

 '젊은이, 결국 자네는 더 많은 돈을 벌고 싶은 게로구먼. 그렇다면 자네는 돈버는 능력을 키우기 위해서 어떤 노력을

하고 있나?'

젊은 친구는 이렇게 대답하더군요.

'할 수 있는 일은 다 하고 있습니다. 지난 한 달 동안 여섯 번씩이나 주인을 찾아가 봉급을 올려달라고 졸라댔지만 번번이 거절당했습니다. 아마 저처럼 끈질기게 졸라댄 사람도 없을 것입니다.'

나는 그 친구의 순진한 생각에 웃을 수밖에 없었습니다. 하지만 그 친구에게는 뜨거운 열망이 있었습니다. 방법이 잘못되기는 했지만, 돈을 더 벌겠다는 열망은 칭찬받아 마땅한 열망입니다. 그렇습니다, 여러분의 수입을 늘리기 위해서는 그런 열망이 반드시 필요합니다.

그리고 성취에 앞서 꿈이 있어야 합니다. 어떤 시련이 닥쳐도 흔들리지 않는 꿈이 있어야 합니다. 분명한 꿈이 있어야 합니다. 두루뭉술한 꿈은 허망한 열망일 뿐입니다. 막연히 부자가 되고 싶다는 꿈은 헛된 망상일 뿐입니다. 그러나 금화 다섯 닢을 가져야겠다는 꿈을 가질 때, 이런 구체적인 꿈은 여러분을 강력하게 밀어붙이는 원동력이 됩니다. 금화 다섯 닢이라는 구체적인 꿈을 성취하고 나면, 어떤 변화가 생기겠습니까? 그 사람은 금화 다섯 닢을 벌어들일 수 있는 방법을 터득한 것입니다. 그 방법으로, 아니면 비슷한 방법으로 금화 열 닢을 벌어들이지 못하겠습니까? 나중에는 스무 닢, 먼 훗날에는 천 닢의 금화를 벌어들이는 방법을 조금씩 깨달아갈 것입니다. 그리고 부자가 될 것입니다.

이처럼 조그맣지만 구체적인 꿈으로 시작하십시오. 작은 꿈을 성취하는 방법부터 착실히 배우십시오. 큰돈을 벌어들이는 데 필요한 방법을 배우기 위한 절차라 생각하십시오. 부자는 하루아침에 되는 것이 아닙니다. 재산은 하루아침에 쌓이는 것이 아닙니다. 과정이 필요합니다. 처음에는 작은 돈이 나중에 큰돈이 되듯이, 여러분도 하나씩 배우면서 능력을 키워가야 합니다.

또한 꿈은 소박하고 구체적이어야 합니다. 꿈이 지나치게 크다면, 도저히 여러분의 능력으로 감당해내기 힘든 꿈이라면 그 꿈은 좌절로 끝나기 십상입니다.

무엇보다 여러분이 종사하고 있는 일에 최선을 다하십시오. 여러분의 현재 직업에서 최고가 되도록 노력하십시오. 그렇게 할 때 돈버는 능력도 자연스레 키워질 것입니다. 나도 한때는 가난한 필경사였습니다. 하루에 몇 푼의 돈을 받으면서 토판에 글을 새겨야 했습니다. 그러나 나보다 더 많은 토판을 작성하는 사람이 더 많은 보수를 받는다는 사실을 깨달았습니다.

그래서 나는 결심했습니다. 누구보다 뛰어난 필경사가 되겠다! 그후 성공한 사람들의 비결을 깨닫는 데 그리 오랜 시간이 걸리지는 않았습니다. 내 일에 흥미를 가질수록, 내 일에 열정을 갖고 최선을 다할수록, 내 성과도 점점 나아졌습니다. 하루에 나보다 많은 토판을 작성하는 필경사를 찾아보기 힘들었습니다. 내 능력이 나아지면서 그에 따른 보상도 있었습니다. 내 능력을 인정해달라고 주인을 여섯 번씩이나 찾아갈 필요도 없었습니다.

계속해서 배우십시오. 그럴 때 비로소 당신은 더 많은 돈을 벌 수 있습니다. 여러분에게 필요한 재주를 가진 사람을 찾아다니며 배우십시오. 그런 노력에 대한 보상은 반드시 있습니다. 보석 세공사라면 그 분야에서 가장 뛰어난 능력을 지닌 세공사가 사용하는 방법을 배우고 어떤 연장을 사용하는지도 눈여겨보십시오. 법률가나 의사도 마찬가지입니다. 그 직종에 종사하는 사람들에게 묻고, 서로의 의견을 나누십시오. 상인이라면 더 낮은 가격에 더 좋은 상품을 팔 수 있는 방법을 끊임없이 모색하십시오.

인간의 삶은 언제나 변하게 마련입니다. 언제나 좀더 나은 방향으로 개선되어가게 마련입니다. 통찰력을 지닌 사람들이 더 나은 기술을 개발하고, 손님들에게 더 나은 서비스를 제공하려 노력하기 때문입니다. 따라서 우리 모두가 변화의 물결에 동참해야 합니다. 아니, 앞장서서 변화를 끌어갈 수 있어야 합니다. 뒤처지지 않으려면 어쩔 수 없습니다. 고인 물은 필연적으로 썩게 되어 있습니다.

많은 것이 새롭게 생겨나면서 인간의 삶을 윤택하게 해줍니다. 남들에게 존중받는 사람이 되고 싶습니까? 그렇다면 다음과 같은 원칙을 반드시 지키십시오.

첫째, 빚이 있다면 능력 범위 내에서 신속하게 갚아야 합니다. 현찰이 없다면 불요불급한 물건을 탐내지 마십시오.

둘째, 무엇보다 가족에게 충실한 가장이 되십시오. 가족에게 존경받지 못하는 사람이 어떻게 다른 사람들에게 존경받을 수 있겠습니까?

셋째, 유언장을 정확히 작성해두십시오. 그래야 신의 부름을 받게 될 때, 여러분이 남긴 재산이 분란없이 깨끗하게 정리될 수 있기 때문입니다.

넷째, 가난한 사람들에게 사랑을 베푸십시오. 능력 범위 내에서 그들을 도와주십시오. 또한 여러분에게 소중한 사람들을 말에서나 행동에서나 존중해주십시오.

이제 얄팍한 지갑에서 여러분을 구원해줄 일곱 번째 비결을 정리해봅시다. 능력을 키우십시오. 언제나 공부하고 배우는 자세를 잃지 마십시오. 그리고 다른 사람들에게 존중받도록 행동하십시오. 이렇게 할 때, 여러분은 신중하게 선택한 꿈을 성취할 수 있다는 자신감을 얻게 될 것입니다.

지금까지 우리는 가난에서 벗어날 수 있는 7가지 비결을 하나씩 살펴보았습니다. 내가 오랜 삶을 살면서 터득한 비결입니다. 부자가 되고 싶습니까? 그렇다면, 이 강연장을 나서는 순간 곧바로 실천하십시오.

여러분, 바빌론에는 여러분이 꿈꾸는 것보다 훨씬 많은

황금이 있습니다. 모든 사람이 부자가 되고도 남을 만큼의 황금이 있습니다. 부자가 되는 것은 여러분의 의무가 아니라 권리입니다. 자, 시작하십시오. 여러분을 부자로 만들어 줄 7가지 비결을 곧장 실천에 옮기십시오.

이 강연장을 나서는 순간 7가지 비결을 실천에 옮기십시오. 그리고 바빌론의 모든 시민들에게 이 진리를 전해주십시오. 누구라도 부자가 될 수 있다는 것을 널리 알려주십시오."

얄팍한 지갑에서 벗어나는
7가지 비결을 올바로 이해한다면
당신의 지갑에도 돈이 넘쳐흐를 것이다!

첫번째 비결 – 일단 시작하라
두 번째 비결 – 지출을 관리하라
세 번째 비결 – 돈을 굴려라
네 번째 비결 – 돈을 지켜라
다섯 번째 비결 – 당신의 집을 가져라
여섯 번째 비결 – 미래의 수입원을 찾아라
일곱 번째 비결 – 돈버는 능력을 키워라

행운의 여신은 행동하는 사람에게 찾아온다

행운의 여신이 함께하는 사람이 평생 동안 모을 수 있는 재산을 예측하기란 불가능하다. 그를 유프라테스강에 던져보라. 진주라도 손에 쥐고서 강가로 걸어나올 것이다.

– 바빌로니아 속담

누구나 행운아가 되고 싶어한다. 4000년 전 바빌로니아에 살았던 조상들이나, 오늘날을 살아가는 사람들이나 행운의 여신을 만나고 싶어하는 열망은 똑같다. 우리 모두가 변덕스런 행운의 여신에게 사랑의 손길을 기대한다. 그런데 행운의 여신이 제발로 우리를 찾아오도록 만들 방법은 없는 것일까? 행운의 여신을 감동시켜서 사랑을 듬뿍 받아낼 방법은 없는 것일까? 요컨대 행운을 내 것으로 만들 방법은 없는 것일까?

옛 바빌론 사람들도 그 방법을 알고 싶어했다. 그들이 찾아내려고 했던 것도 바로 그것이었다. 그들은 빈틈없고 세심한 사색가들이었다. 그 덕분에 바빌론은 그 시대의 가장 부유하고 가장 강력한 도시로 성장할 수 있었다.

머나먼 과거 시대였던 까닭에 바빌론에는 정식 교육기관이 없었다. 그렇지만 그들에게도 배움터가 있었다. 아주 실리적인 것을 가르치는 배움터였다. 탑처럼 우뚝 솟은 장대한 건물들 중에서, 왕궁과 신전만큼이나 중요한 역할을 해내는 건물 하나가 있었다. 역사책에는 그 건물에 대해서 거의 언급되어 있지 않지만, 그 건물은 그 시대를 이끌어간 사상의 본산이었다.

그 건물의 이름은 배움의 전당이었다. 깨달음을 얻은 선생들이 과거의 지혜를 설명해주는 강연장이 있었고, 누구라도 나서서 자기 의견을 개진할 수 있는 공개 토론장이 있었다. 배움의 전당 안에서는 신분의 차별이 없었다. 가장 천한 신분의 노예까지도 왕실의 자손과 허물없이 토론을 벌일 수 있었다.

배움의 전당을 드나드는 수많은 사람들 중에 아카드란 사람이 있었다. 바빌론에서 가장 부자인 사람으로 알려진 지혜로운 사람이었다. 그에게 할당된 특별 강연장에서 아카드는 거의 매일 저녁 흥미로운 주제로 강연을 했다. 그때마다 구름떼처럼 사람들이 몰려들었다. 노인과 젊은이도 있었지만 그들 대다수가 중년의 남자였다. 그들은 아카드의 강연을 들은 후, 강연에서 언급된 문제를 두고 열띤 토론을 벌였다. 그런데 행운을 내 것으로 만드는 방법까지도 그들이 다루었을까? 이 궁금증을 풀어보자.

태양이 커다란 붉은 공처럼 하늘을 빨갛게 물들이면서 안개가 자욱한 지평선 아래로 내려앉자, 아카드가 어슬렁대는 발걸음으로 강연장에 들어섰다. 강연장에는 벌써 100여 명의 청중이 바닥에 방석을 깔고 앉아 그를 기다리고 있었다. 아카드가 강연장을 들어선 후에도 청중이 계속해서 몰려들었다.

아카드가 그들을 물끄러미 바라보며 물었다.

"오늘은 어떤 문제에 대해 토론해볼까요?"

잠시 침묵이 흘렀지만, 곧 키가 훤칠한 직조공이 자리에서 일어나 우렁찬 목소리로 말했다.

"아카드 님, 그동안 선생님과 이곳에 모인 친구들에게 웃음거리가 될지도 모른다는 생각에 망설여왔던 문제를 토론하고 싶습니다."

아카드와 친구들이 어떤 문제냐고 재촉하자, 직조공은

용기를 내어 계속해서 말했다.

"오늘 저는 무척이나 운이 좋았습니다. 금화가 잔뜩 든 지갑을 길에서 주웠습니다. 솔직히 말씀드려서 이런 행운이 계속되었으면 좋겠습니다. 모두가 저와 똑같은 바람을 갖고 있으리라 생각합니다. 그래서 행운을 끌어들이는 방법을 토론하고자 제안합니다. 모두의 머리를 짜낸다면 행운을 끌어들일 좋은 방법을 찾아낼 수 있지 않겠습니까?"

아카드가 빙긋이 미소를 지으며 대답했다.

"아주 흥미로운 주제입니다. 충분히 토론할 가치가 있는 문제라고 생각합니다. 어떤 사람들은 행운이 우연히 찾아오는 기회일 뿐이라고 말합니다. 뜻밖의 사고처럼 아무런 이유도 없이 말입니다. 반면에 행운은 우리가 섬기는 아쉬타르 여신의 선물이라 믿는 사람들도 있습니다. 그 여신을 기쁘게 해주기 위해 우리가 바친 제물의 대가로 받는 것이라고 말입니다. 여러분은 어떻게 생각합니까? 행운이 제발로 우리에게 찾아오도록 만들 방법이 정말로 있다면, 그 방법을 우리가 찾아낼 수 있을까요?"

모두가 한 목소리로 대답했다.

"물론입니다!"

아카드는 환한 미소로 그들에게 대답해주며 계속해서 말했다.

"그럼 토론을 시작하기 전에, 직조공처럼 아무런 노력도 없이 상당한 보물을 길에서 주운 경험이 있는 사람들의 말부터 들어볼까요?"

잠시 침묵이 흘렀다. 모두가 주변을 두리번거리며 발언자를 찾았지만 아무도 선뜻 나서지 않았다. 아카드가 물었다.

"아무도 없나요? 그렇다면 행운은 아주 드물게 찾아오는 것이라 결론내릴 수 있겠군요. 좋습니다. 그럼 우리, 토론을 어디에서 시작할까요?"

깔끔한 옷차림의 젊은 사내가 일어나 대답했다.

"제 생각을 말씀드리겠습니다. 행운을 언급하자면 도박장을 먼저 생각해보아야 되지 않을까요? 많은 사람이 도박장에 달려가는 것은 행운의 여신이 그들에게 대박을 안겨줄 것이란 생각 때문이 아닐까요?"

그가 자리에 앉기 무섭게 다른 사내가 나섰다.

"잠깐! 당신 이야기를 계속해보시오. 당신은 도박장에서 행운의 여신에게 축복받은 적이 있습니까? 행운의 여신이 주사위를 잘 굴려서 도박장 주인의 돈으로 당신 지갑을 채워주던가요? 아니면 당신이 힘겹게 번 돈을 도박장 주인에게 몽땅 털렸습니까?"

젊은 사내는 다시 일어나 너털웃음을 터뜨리며 대답했다.

"솔직히 말씀드려서 저는 도박장에 발끝조차 들여놓은 적이 없습니다. 하지만 여러분은 어떤가요? 행운의 여신이 여러분 편에 서서 주사위를 멋지게 굴려주기를 바란 적이 없었습니까? 저는 무엇이라도 듣고 배울 자세가 되어 있습니다."

아카드가 끼어들었다.

"아주 좋습니다. 우리는 하나의 문제라도 가능한 모든 방향에서 생각해보기 위해 이 자리에 모였습니다. 따라서 행운이란 문제를 다룰 때 도박장도 간과할 수 없는 부분이라 생각합니다. 도박장을 거론하지 않는다면 오히려 인간의 본능적 욕구를 무시하는 실수를 범하는 것이라 생각합니다. 도박장이야말로 적은 돈으로 큰돈을 벌겠다는 행운을 실험해보는 곳이기 때문입니다."

다른 사람이 팔을 번쩍 들며 발언권을 얻었다.

"저는 어제 경마장에 다녀왔습니다. 행운의 여신이 도박장을 기웃댄다면, 황금빛으로 장식된 마차와 입에 거품을 물고 달리는 준마들이 우리 가슴을 뜨겁게 달구는 경마장을 어찌 모른 척하겠습니까? 아카드 님, 솔직하게 대답해주십시오. 저는 어제 경마장에서 선생님을 보았습니다. 행운의 여신이 선생님께 니네베에서 온 회색 말에 돈을 걸라고 말해주던가요? 저는 우연히 선생님 뒤에 있었던 까닭에, 선생님께서 회색 말에 돈을 걸었다는 이야기를 본의아니게 엿듣고 제 귀를 의심하지 않을 수 없었습니다. 우리만큼이나 선생님께서도 정상적인 경우라면 니네베 말이 바빌론 말을 이길 수 없다는 사실을 잘 알고 있으리라 생각하기 때문입니다. 그런데 마지막 바퀴를 돌 때 안쪽 담이 무너지면서 바빌론 말들을 방해하는 바람에 결국 니네베 말이 경주에서 승리했습니다. 행운의 여신이 선생님께 회색 말에게 돈을 걸라고 말해주었던 것입니까?"

아카드는 그 사내에게 빙긋이 미소를 지어 보이며 대답했다.

"우리가 경마에 돈을 거는 것까지 행운의 여신이 관심을 가져야 할 이유가 있을까요? 내 생각이지만 아쉬타르 여신은 행운의 여신이라기보다 사랑의 여신입니다. 곤경에 빠진 사람을 돕고 공적이 있는 사람이 보상받는다면, 그것만으로도 아쉬타르 여신이 기뻐하리라 생각합니다. 나도 아쉬타르 여신을 만나고 싶습니다. 그러나 사람들이 버는 것보다 더 많은 황금을 잃는 도박장이나 경마장에서가 아니라, 보람 있고 가치있는 행동과 노력이 있는 곳에서 그 여신을 만나고 싶습니다.

밭을 경작할 때, 정직하게 거래할 때, 우리는 땀흘린 만큼의 보상을 받게 됩니다. 물론 항상 보상받을 수 있는 것은 아닙니다. 때때로 판단을 잘못하거나, 애써 가꾼 농작물을 궂은 날씨가 망쳐버릴 때 보상은커녕 본전조차 건질 수 없습니다. 그러나 어떤 시련에도 좌절하지 않고 꾸준히 노력한다면 수익을 실현할 수 있으리라는 기대치는 더욱 커져갑니다. 노력하는 시간과 횟수가 늘어날수록 수익을 실현시킬 가능성도 아울러 늘어나기 때문입니다.

하지만 도박장의 경우는 정반대입니다. 도박에 참여하는 횟수가 늘어날수록, 승리할 확률은 점점 줄어듭니다. 도박장 주인의 지갑을 두툼하게 해줄 뿐입니다. 도박장은 언제나 도박장 주인에게 유리하도록 정교하게 계산되어 있습니다. 그렇지 않다면 도박장 주인이 무엇 때문에 도박장을 열어두겠습니까? 도박장은 그의 사업장입니다. 도박꾼들의 돈으로 직원들에게 봉급을 주고, 도박장 주변을 깨끗하게 관리하고, 그의 잇속까지 챙깁니다. 도박장 주인이 승리할 확률은 거의 100퍼센트에 가깝지만, 도박꾼이 승리할 가능성은 불확실할 뿐입니다. 하지만 이런 사실을 알고 있는 사람은 거의 없습니다.

주사위 도박을 예로 들어봅시다. 주사위를 던질 때마다 우리는 가장 높은 숫자가 나오는 면에 돈을 걸게 됩니다. 다행히 붉은 면이 가장 높은 숫자일 경우, 우리는 건 돈의 4배를 돌려받게 됩니다. 하지만 다른 다섯 면에 가장 높은 숫자가 나올 경우 우리는 판돈을 잃게 됩니다. 따라서 주사위를 던질 때마다 우리가 패할 가능성을 5라 한다면, 승리할 가능성은 4에 불과합니다. 이런 계산에 따르면, 하룻밤의 도박에서 도박장 주인은 판돈의 5분의 1을 수익으로 기대할 수 있습니다. 그런데 도박꾼의 사정은 어떻습니까? 주사위를 던질 때마다 5분의 1만큼이나 패할 가능성이 큰데도 도박꾼이 돈을 딸 수 있을까요?"

한 사내가 큰 소리로 대답했다.

"하지만 때때로 도박장에서 아주 큰돈을 버는 사람도 있습니다."

아카드가 빙긋이 웃으며 말했다.

"물론 그렇습니다. 그런 사람도 있습니다. 그런데 그렇게 행운으로 벌어들인 돈이 어떻게 사용되고 있을까요? 행운의 여신이 도와줘서 목돈을 쥔 사람이 그 돈을 보람되게 사용하는 것을 본 적이 있었습니까? 나는 바빌론에서 성공한 사람들을 거의 알고 있습니다. 하지만 그들 중에서, 도박장에서 번 돈으로 성공의 길로 나아가기 시작한 사람은 한 명도 없습니다. 오늘밤 여기에 모인 여러분도 바빌론에서 내노라하는 재산가들을 알고 있을 것입니다. 그처럼 성공한 사람들 중에서 도박장의 판돈을 성공의 발판으로 삼았던 사람이 얼마나 될까요? 과연 그런 사람이 있을까요? 여러분은 그런 사람을 알고 있나요?"

긴 침묵이 흘렀다. 그리고 이내 한 사람의 장난기섞인 대답에 강연장은 웃음바다로 변했다.

"도박장 주인이오!"

아카드가 대답했다.

"그래요, 도박장 주인 이외에는 아무도 없습니다. 도박장 주인 이외에 도박으로 돈을 번 사람이 아무도 없다면, 여러분은 어찌 해야 하겠습니까? 그래도 언젠가 대박이 터질 것이란 꿈을 키우면서 도박장에 드나들 겁니까? 도박장에서 한밑천 잡겠다는 헛된 꿈에 계속 매달려 살 겁니까?"

아카드의 나무라는 듯한 말투에 잠시 뒷자리에서 불만스러운 목소리들이 들려왔다. 그러나 그런 불평은 강연장의 진지한 분위기에 곧 수그러들었다. 아카드가 계속해서 말했다.

"아쉬타르 여신이 도박장 같은 곳에 드나든다고 우리까지 그런 곳에서 행운을 좇아서는 안 될 것입니다. 다른 곳으로 눈을 돌려야 합니다. 세상에는 눈먼 돈이 마구 돌아다니고 있지만, 우리는 그 돈이 어디에 있는지 아직 모릅니다. 도박장을 드나들어보았지만 그곳은 아니었습니다. 경마장이오? 솔직히 말해서, 나도 경마장에서 딴 돈보다 훨씬 많은 돈을 잃었습니다. 이제 좀더 진지해져봅시다. 무역과 기업을 생각해봅시다. 정직한 거래로 상당한 수익을 올렸다면 그것이 행운일까요, 아니면 우리 노력에 대한 공정한 보상일까요? 나는 이것도 행운이라 생각합니다. 사실 우리는 아쉬타르 여신의 선물을 간과하는 경향이 있습니다. 우리는 여신의 관대함을 고맙게 생각지 않지만, 여신은 조금의 불평도 없이 우리를 도와줍니다. 여기, 내 생각과 다른 사람이 있나요?"

그때 중년의 한 상인이 일어났다. 품위있어 보이는 하얀 옷을 조심스레 쓸어내리며 말했다.

"여러분이 허락하신다면 내 생각을 말씀드릴까 합니다. 우리는 성공을 바랍니다. 그러나 이상하게도 성공은 우리를 비켜가는 것 같습니다. 따라서 여러분의 말씀대로 우리가 근면성과 능력을 성공의 요인이라 생각하더라도, 성공을 행운이라 생각지 못할 이유가 있겠습니까? 성공이 우리를 비켜가지 않았다면, 그것만으로도 행운이 아닐까요? 땀흘려 일했다고 모두가 성공했나요? 그렇지 않습니다. 따라서 우리는 성공을 공정한 보상이라 생각할 수 없습니다. 여기에 계신 많은 분들이 비슷한 경험을 했으리라 생각합니다."

아카드가 그의 말에 수긍하며 말했다.

"적절한 설명이십니다. 여러분 중에 행운을 거의 손에 쥐었다가 놓친 사람이 있나요?"

많은 사람이 손을 들었다. 방금 말했던 초로의 사내도 손을 들었다. 아카드는 그에게 눈길을 보내며 말했다.

"기왕에 당신이 말을 꺼냈으니, 먼저 당신 이야기부터 듣고 싶군요."

아카드의 권유에 초로의 사내는 다시 자리에서 일어나 자신의 경험담을 말하기 시작했다.

"기꺼이 그렇게 하겠습니다. 행운이 우리에게 어떻게 다가오는지, 하지만 우리가 찾아온 행운을 어떻게 놓쳐버리는지에 대해서 말씀드리겠습니다. 행운의 여신이 지나간 다음에 가슴을 치고 통곡한들 무슨 소용이 있겠습니까?

오래 전 젊은 시절이었습니다. 우리는 갓 결혼한 신혼부부였고 돈벌이도 괜찮았습니다. 그런데 어느 날 아버지가 찾아오시더니 좋은 투자 건수가 생겼다며 내게 강력히 권했습니다. 아버지 친구의 아들이 외성(外城)에서 많이 떨어지지 않은 곳에서 미개간지를 찾아냈다는 것이었습니다. 수로에서 멀리 떨어져 물이 들어올 수 없는 곳이었습니다.

아버지 친구의 아들은 그 땅을 사들일 계획이었습니다. 비록 척박한 땅이었지만 물레방아를 세 군데쯤 설치해서 황소에게 끌게 한다면 생명수를 끌어들여 옥토로 만들 수 있을 것이란 생각이었습니다. 그렇게 1차 계획이 예상대로 끝난다면 그 땅을 조그만 필지로 나누어 도시 사람들에게 채소밭으로 분양하겠다는 추가계획도 세웠습니다.

그러나 아버지 친구의 아들에게는 그 사업을 꾸려갈 충분한 자금이 없었습니다. 나처럼 그 친구도 괜찮은 돈벌이를 하고 있던 젊은이였습니다. 그의 아버지도 내 아버지처럼 대가족의 가장이었지만 큰 재산가는 아니었습니다. 그래서 그 친구는 그 사업을 함께할 사람들을 모집하기로 결심했습니다.

일단 12명을 생각했습니다. 모두가 따로 돈을 버는 사람이었기 때문에, 그 땅을 개발해서 분양할 수 있을 때까지 각자 수입의 1할을 투자하기로 합의를 보았습니다. 물론 총수익은 투자한 액수에 비례해서 공정하게 분배한다는 합의도 있었습니다. 그래서 내 아버지가 부리나케 달려와 내게 투자를 권유했던 것입니다.

'아들아, 너는 아직 젊다. 네가 큰 부자가 되어 주변에서 존경받는 사람이 되는 것이 내 간절한 꿈이다. 네가 내 실수에서 교훈을 얻었으면 좋겠구나.'

'아버지, 저도 부자가 되고 싶습니다. 이 세상에 부자가 되고 싶지 않은 사람이 어디에 있겠습니까?'

'그럼 내 말대로 하거라. 내가 네 나이였다면 무엇이라도 했을 게다. 네 수입에서 10분의 1을 떼어서 유망한 사업에 투자하거라. 그렇게 네 수입에서 10분의 1을 떼어서 다른 곳에 투자한다면 그것이 대단한 돈을 벌어줄 게다. 내 나이가 되기 전에 너는 상당한 재산가가 될 수 있을 게다.'

'아버지 말씀이 지혜의 말씀인 줄은 압니다. 저도 부자가 되고 싶습니다. 하지만 제가 벌어야 얼마나 벌겠습니까? 지금도 쓸 곳이 많은 걸요. 솔직히 말씀드려서 아버지의 조언대로 제 수입의 1할씩이나 투자하기가 망설여집니다. 저는 젊습니다. 아직 시간이 많습니다.'

'네 나이에는 나도 아직 시간은 많다, 돈은 언제라도 벌 수 있는 거야! 이렇게 생각했단다. 하지만 그후로 많은 세월이 지났지만 이 아버지는 아직 시작조차 못하고 있다.'

'아버지, 저는 아버지와는 다른 세대에 살고 있습니다.

저는 그런 실수를 저지르지 않을 겁니다.'

'아들아, 지금 기회가 너를 찾아왔다. 너를 부자로 만들어줄 행운의 손길을 내밀고 있는 것이란다. 아들아, 제발 이번 기회를 놓치지 말거라. 망설이지 말고 투자하거라. 내일이라도 내 친구의 아들을 찾아가 네 수입의 1할을 투자하겠다고 말하거라. 아니, 오늘이라도 당장 찾아가거라. 기회는 우리를 기다려주지 않는다. 순식간에 사라지는 것이지. 아들아, 제발 망설이지 말거라!'

아버지의 간절한 충고에도 불구하고 나는 망설였습니다. 그때 시장에는 장사꾼들이 동양에서 가져온 아름다운 옷들이 넘쳐나고 있었습니다. 내 아내에게 입힌다면 너무도 아름다울 옷들이었습니다. 그러나 내 수입의 10분의 1을 그 사업에 투자한다면 우리가 간절히 바라던 즐거움을 포기해야만 했습니다. 나는 선뜻 결정을 내릴 수 없었습니다. 그리고 마침내 투자하기로 결심했을 때는 너무 때늦은 결심이었습니다. 그 때문에 나는 엄청난 후회를 해야 했습니다. 그 사업이 예상보다 훨씬 높은 수익을 냈기 때문입니다. 나는 제발로 찾아온 기회를 놓쳐버린 셈이었습니다."

초로의 사내는 말을 마치고 자리에 앉았다. 그러자 사막에서 온 검은 피부의 사내가 일어났다.

"결국 행운은 기회를 놓치지 않은 사람에게만 찾아온다고 요약할 수 있겠군요. 그렇습니다, 어떤 일에나 시작이 있는 법입니다. 커다란 재산도 그 처음은 한 푼에서 시작되는 것입니다. 수입에서 일정한 부분을 떼어서 투자할 때 우리는 부자가 될 수 있습니다. 나는 지금 많은 가축을 거느린 목장주인입니다. 하지만 내 시작은 아주 작았습니다. 어렸을 때 은화 한 닢으로 송아지 한 마리를 사들인 것으로 시작했습니다. 지금 생각하면 별것 아니지만, 분명 그것은 나를 부자로 만들어준 발판이었습니다. 어찌 생각하면 내게 가장 소중한 재산이었습니다.

커다란 재산가가 되기 위한 첫 출발은 누구에게나 찾아올 수 있는 행운입니다. 단순한 첫 걸음이지만 우리 삶을 완전히 뒤바꿔줄 수 있는 가장 중요한 걸음입니다. 땀을 흘리며 돈벌이를 하는 사람에서, 투자한 돈이 벌어들인 돈의 배당금을 즐길 수 있는 사람으로 우리를 바꿔주는 걸음입니다. 다행히 젊었을 때 그 기회를 잡는다면 어떻게 되겠습니까? 뒤늦게야 깨닫고 그때서야 시작한 사람이나, 저분의 아버지처럼 영원히 시작조차 못한 사람과 비교할 때 어떤 차이가 있겠습니까?

만약 저분이 젊은 시절에 그 기회를 잡았다면, 오늘 저분은 이 세상에서 좋은 것만을 골라가며 행복한 삶을 즐길 수 있을 것입니다. 오늘 길에서 두둑한 지갑을 주웠다는 직조공이 그 행운을 첫 출발로 삼아 올바른 방향으로 나아간다면, 머지않아 직조공도 대단한 재산가가 될 수 있으리라 생각합니다."

이때 다른 나라에서 온 듯한 낯선 사람이 손을 번쩍 들며 발언권을 청했다.

"제게 말할 기회를 주셔서 감사합니다. 저는 시리아에서 왔습니다. 바빌로니아 말을 썩 잘하지 못합니다. 실례인 줄 압니다만, 저분과 같은 사람을 바빌론에서는 어떻게 부르는지 알고 싶습니다. 물론 시리아 말로는 적절한 단어가 있지만, 제가 시리아 말로 한다면 여러분이 못 알아들으실 것이 아닙니까. 여러분이 가르쳐주시기 바랍니다. 저분처럼 좋은 기회가 왔음에도 차일피일 미루는 사람을 바빌로니아 말로는 무엇이라 합니까?"

어딘가에서 "굼벵이!"라고 대답했다. 그러자 시리아 사람이 흥분한 듯이 두 팔을 흔들어대면서 큰 소리로 말했다.

"굼벵이요? 적절한 비유입니다. 굼벵이는 기회가 눈앞까지 찾아와도 선뜻 받아들이지 않습니다. 마냥 기다립니다. 더 좋은 기회가 올 것이라 말하면서 빈둥거립니다. 그런 사람에게 어찌 더 좋은 기회가 찾아올 수 있겠습니까? 기회는 굼벵이를 기다려주지 않습니다. 행운을 바라는 사람은 신속하게 행동해야 합니다. 기회가 찾아왔을 때 신속하게 행동하지 않는다면 저분처럼 되고 말 겁니다. 영원히 굼벵이로 살아야 할 것입니다."

초로의 사내가 다시 자리에서 일어났다. 그리고 시리아

사람에게 정중히 허리를 숙이며 말했다.

"고맙습니다. 나를 그렇게 꾸짖어주신 당신께 진심으로 감사드립니다. 당신 말은 조금도 틀리지 않았습니다."

마침내 아카드가 끼어들었다.

"이제 다른 사람의 이야기를 들어봅시다. 비슷한 경험을 한 사람이 또 있습니까?"

이번에는 붉은 옷을 입은 중년의 사내가 일어났다.

"내 경험을 말씀드려볼까요? 나는 가축상인입니다. 주로 낙타와 말을 취급하지만 양이나 염소를 취급할 때도 가끔 있습니다. 어느 날 밤 전혀 예기치 않게 찾아온 기회에 대해서 여러분께 말씀드릴까 합니다. 어쩌면 너무도 뜻밖에 찾아온 기회였던 까닭에 나는 그 기회를 놓쳐버렸는지도 모릅니다. 어쨌든 내 이야기를 잘 듣고 여러분이 판단해보시기 바랍니다.

어느 날 저녁, 나는 좋은 낙타를 찾기 위한 열흘간의 여행을 마치고 집으로 돌아오던 길이었습니다. 어찌된 일인지, 여행 성과도 좋지 않았는데 성문까지 닫혀 있는 것이 아니겠습니까? 화가 나서 견딜 수 없었습니다. 먹을 것도 없고 마실 것도 없었기 때문입니다.

노예들이 그날 밤을 보내려 천막을 치기 시작했습니다. 그때 초로의 농부가 우리에게 다가왔습니다. 그도 우리와 똑같은 신세였습니다.

농부는 나를 한동안 살펴보더니 이렇게 말했습니다.

'선생의 모습을 보니 장사하는 분 같습니다. 내 생각이 맞다면 선생에게 이 세상에서 가장 건강한 양떼를 팔고 싶습니다. 내 아내가 열병에 걸려 병석에 눕는 바람에 집으로 황급히 돌아가야만 합니다. 내 양떼를 사주시겠습니까? 그렇게 해주신다면 나와 내 노예들이 홀가분한 몸으로 지금이라도 출발할 수 있을 것입니다.'

이미 날이 어두웠기 때문에 나는 그의 양떼를 볼 수 없었지만, 양들의 울음소리에서 상당한 수가 된다는 것을 짐작할 수 있었습니다. 좋은 낙타를 찾아 열흘을 헤매고 다녔지만 별다른 성과가 없었던 까닭에, 그 농부의 제안을 기꺼이 받아들였습니다. 농부는 화급했던 때문인지 상당히 합리적인 가격을 제시했고 나는 그 가격을 받아들였습니다. 아침에 성문이 열리면 곧바로 성 안으로 끌고 가 커다란 이익을 남기고 되팔 생각까지 했습니다.

거래가 체결된 후, 나는 노예들에게 횃불을 만들라고 지시했습니다. 농부의 말에 따르면 900마리라고 했지만 직접 그 수를 헤아리고 싶었기 때문입니다. 그러나 양들이 목이 말랐는지 쉴새없이 물을 찾아 돌아다녀 제대로 헤아릴 수가 없었습니다. 애초부터 불가능한 일이었습니다.

그래서 나는 농부에게 날이 새면 다시 양의 수를 확인한 다음에 돈을 지불하겠다고 퉁명스레 말했습니다. 하지만 농부는 다음 날 아침까지 기다릴 여유가 없었습니다. 내게 간청하듯 말했습니다.

'그럴 여유가 없습니다. 나는 지금 출발해도 늦습니다. 오늘밤엔 내가 제안한 값의 3분의 2만 주십시오. 그러면 가장 똑똑한 노예를 남겨두겠습니다. 내가 가장 신임하는 노예입니다. 내일 아침 그 노예와 함께 양의 수를 확인하신 다음에 나머지 돈을 그에게 주십시오.'

하지만 나는 양보하지 않았습니다. 그날 밤에는 한푼도 줄 수 없다고 버티었습니다. 다음 날 아침 내가 잠에서 깨기도 전에 성문이 열리면서 가축상인들이 양떼를 찾아 몰려나왔습니다. 그 도시는 먹을 것이 부족했기 때문에 상인들은 서로 높은 값을 주겠다며 농부에게 양떼를 팔라고 졸라댔습니다. 결국 농부는 전날 밤 내게 제안했던 가격의 3배나 되는 돈을 받고 고향으로 돌아갈 수 있었습니다. 거꾸로 생각하면 나는 제발로 굴러들어온 행운을 내 손으로 내던진 꼴이었습니다."

중년 사내의 이야기가 끝나자 아카드는 군중에게 눈을 돌리며 물었다.

"참 소중한 경험담이었습니다. 그런데 이 이야기에서 어떤 교훈을 얻을 수 있을까요?"

안장을 만드는 사람이 일어나 대답했다.

"확실한 거래라는 판단이 서면 즉시 돈을 지불하고 그 거래를 종결시키라는 교훈이 아니겠습니까? 확실한 거래라면 즉각 행동에 옮겨야 합니다. 쓸데없는 불안감에 거래를 미룰 필요가 없습니다. 불안감이란 결국 결단력이 없다는 증거가 아니겠습니까? 결단을 내리지 못하고 시간을 보내는 사이에 다른 사람에게 행운을 빼앗기게 됩니다.

우리 인간은 워낙에 변덕스럽습니다. 나쁜 일보다 좋은 일에서 더욱 그렇습니다. 이상스럽게도 나쁜 일은 고집스레 밀고 나아가면서도, 좋은 일 앞에서는 이런저런 생각에 선뜻 결정을 내리지 못하고 행운을 날려보냅니다. 내 경우도 돌이켜보면 첫 판단이 가장 훌륭한 판단이었습니다. 소위 직관력이란 것이었습니다.

그러나 확실한 거래란 판단이 선 후에도 그 거래를 꾸준히 밀고 나아가기란 어려운 일이었습니다. 그래서 나는 신속한 결단력이 필요하다고 생각합니다. 그래야 행운이 지나간 뒤에야 땅을 치며 후회하는 실수를 범하지 않을 것이라 생각합니다."

시리아 사람이 다시 일어섰다.

"결국 똑같은 이야기입니다. 매번 우리는 똑같은 이유로 기회를 날려보냅니다. 기회는 굼벵이에게도 어김없이 찾아옵니다. 멋진 계획을 들고서 말입니다. 하지만 그때마다 굼벵이는 선뜻 결정을 내리지 못하고 망설입니다. 따라서 행동하는 사람이 되어야 합니다. 어떤 생각이 떠오르면 곧바로 실천하는 사람이 되어야 합니다. 그것이 성공하는 지름길이 아닐까요?"

가축상인이 대답했다.

"그렇습니다, 당신 말이 맞습니다. 굼벵이에게도 행운은 찾아오지만, 언제나 똑같은 이유로 굼벵이는 그 행운을 놓치고 맙니다. 어쩌면 당연한 결과일지도 모릅니다. 우리는 부자가 되고 싶어합니다. 그러나 모든 사람이 조금씩은 굼벵이 기질을 갖고 있습니다. 그래서 기회가 찾아와도 굼벵이 기질이 갖가지 변명거리를 만들면서 결정을 미루게 만듭니다. 결국 우리 적은 우리 자신입니다. 굼벵이 기질을 이겨내지 못한 우리 자신이 우리의 최대 적입니다.

젊은 시절에는 몰랐습니다. 내 사업이 지지부진한 이유가 굼벵이 기질 때문이라고는 생각지 않았습니다. 처음에는 내 사업적 판단력이 부족한 때문이라 생각했습니다. 다음에는 내 고집스런 성격 때문이라 생각했습니다.

하시만 마침내 나는 그 원인이 무엇인지 깨딜있습니다. 신속한 행동이 필요하고 단호한 결정이 필요한 때에도 쓸데없이 미루는 습관이 문제였습니다.

내 사업이 부진한 이유를 깨달았을 때 내 굼벵이 기질이 한없이 미웠습니다. 수레에 매인 끈을 풀어내려는 야생 당나귀처럼 나는 내 성공을 가로막는 걸림돌을 치워내려 혼신의 노력을 다했습니다."

시리아 사람이 다시 벌떡 일어섰다.

"고맙습니다! 그런데 당신에게 묻고 싶은 것이 있습니다. 당신은 지금 멋진 옷을 입고 있습니다. 결코 가난한 사람처럼 보이지 않습니다. 게다가 지금은 성공한 사람처럼 말씀하십니다. 요즘은 굼벵이 기질을 완전히 버렸습니까? 그런 습관을 어떻게 이겨낼 수 있었습니까?"

"내게 굼벵이 기질이 있다는 것을 진정으로 깨달은 뒤에야 그 습관을 떨쳐버릴 수 있었습니다. 굼벵이 기질이 내 성공을 가로막는 가장 강력한 적이었습니다. 어딘가에 숨어서 나를 호시탐탐 노리고 있었습니다. 내가 방금 말씀드린 경험담은 내가 날려버린 수많은 기회 중 하나일 뿐입니다.

그러나 굼벵이 기질이 내 성공을 가로막는 훼방꾼이라는 사실을 깨달은 순간부터는 그 습관을 버리기가 그다지 어렵지 않았습니다. 도둑이 내 집의 곳간을 훔치도록 그냥 내버려둘 수 있겠습니까? 경쟁자가 내 손님을 빼앗아가도록 그냥 내버려둘 수 있겠습니까? 나의 적은 바로 굼벵이 기질이라는 사실을 깨달았을 때, 나는 굳게 결심했습니다. 다시는 굼벵이처럼 빈둥거리지 않겠다! 다시는 기회를 놓치지 않겠다!

내 경험으로 여러분에게 말씀드릴 수 있습니다. 굼벵이 기질을 떨쳐내지 못하는 한, 누구도 성공할 수 없습니다. 굼벵이 기질을 이겨낸 사람만이 바빌론의 보물을 나눠 가질 수 있습니다."

이렇게 말하고 가축상인은 아카드를 바라보며 물었다.

"아카드 님, 내 말을 어떻게 생각하십니까? 선생님은 바빌론에서 가장 부자입니다. 그래서 많은 사람들이 선생님을 이 세상에서 최고의 행운아라고 말합니다. 굼벵이 기질을 완전히 씻어내지 못한다면 결코 성공의 달콤한 열매를 맛보지 못할 것이란 내 말에 동의하십니까?"

아카드가 고개를 끄덕이며 대답했다.

"당신 말에 전적으로 동감입니다. 꽤 오랜 세월을 살면서 나는 여러 세대의 사람들을 지켜보았습니다. 학문의 길을 걷는 사람, 장사하는 사람, 과학의 길을 걷는 사람……. 모두가 성공을 꿈꾸면서 나름대로 열심히 일하는 사람들이었습니다. 그리고 모두에게 기회가 찾아왔습니다. 그런데 그 기회를 꽉 붙잡고 성공의 길로 치달은 사람도 있었지만, 대다수가 단호히 결정을 내리지 못하고 망설이다가 뒤처지고 말았습니다."

이렇게 말하고 아카드는 직조공에게 눈길을 주며 말했다.

"자네가 제안한 대로 우리는 지금까지 행운이란 문제를 토론해보았네. 자네 생각을 듣고 싶군. 그래, 자네는 행운이 무엇이라 생각하나?"

"오늘 토론에서 많은 것을 깨달았습니다. 행운을 완전히 다른 관점에서 보게 되었습니다. 지금까지 저는 행운을 특별한 노력 없이 얻을 수 있는 것이라 생각했습니다. 하지만 노력 없이 얻을 수 있는 것은 아무것도 없다는 사실을 깨닫게 되었습니다. 행운을 내 것으로 만들기 위해서는 기회를 이용할 줄 알아야 한다는 사실도 깨달았습니다. 이제 기회가 제게 찾아온다면 저는 그 기회를 절대 놓치지 않을 것입니다. 그 기회를 최대한 이용해서 제가 꿈꾸는 삶을 이루어낼 것입니다."

"자네는 오늘 있었던 토론을 제대로 이해한 것 같군."

그리고 아카드는 강연장을 찬찬히 훑어보며 결론지어 말했다.

"그렇습니다, 기회를 잡은 사람에게만 행운이 찾아주는 법입니다. 잘 생각해보십시오. 아쉬타르 여신이 선물한 기회를 초로의 상인이 놓치지 않았더라면 그는 커다란 행운을 얻었을 것입니다. 가축상인이 그 양떼의 값을 그날 밤에 지불했더라면, 그는 커다란 이익을 남기고 양떼를 되파는 행운을 누릴 수 있었을 것입니다.

오늘 우리는 행운을 우리 것으로 만드는 방법에 대해서 토론했습니다. 그리고 우리는 그 방법을 찾아냈습니다. 두 사례에서 보았듯이, 행운은 기회를 뒤따라오는 것이었습니다. 여기에서 우리는 한 가지 진리를 찾아낼 수 있습니다. 행운에 관련된 수많은 이야기에서 공통적으로 찾아지는 교훈이기도 합니다. 행운의 여신은 기회를 받아들인 사람에게만 미소를 지어준다!

더 나은 삶을 위해서 기회를 간절히 기다리는 사람들에게 행운의 여신은 찾아옵니다. 여신을 즐겁게 해주는 사람에게 여신이 어찌 도움을 주지 않겠습니까! 여신은 어떤 사람을 좋아할까요? 바로 행동하는 사람입니다. 행동하는 사람만이 여신의 마음을 사로잡을 수 있습니다. 당신이 꿈꾸는 성공의 길로 당신을 인도해주는 것이 바로 행동이기 때문입니다."

행운의 여신은 행동하는 사람을 사랑한다.

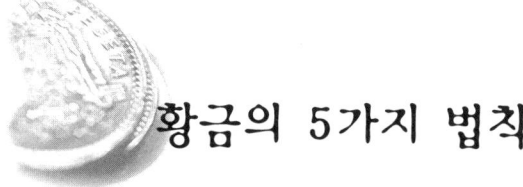

황금의 5가지 법칙

"**황금으로** 가득 채워진 주머니와 지혜의 말씀이 새겨진 토판이 있을 때, 둘 중 하나만 선택하라고 한다면 자네들은 어느 것을 선택할 텐가?"

햇볕에 까맣게 그을린 얼굴의 사내들이 사막에서 모닥불을 피워놓고 밤을 보내고 있었다. 모두 27명의 사내들이 합창하듯이 대답했다.

"그야 황금 주머니죠!"

칼라밥 노인은 빙긋이 미소를 지으며 말했다.

"잠깐 귀를 기울여보게. 깊은 밤에 저기에서 늑대들이 울부짖는 소리를 들어보게. 저 녀석들이 소리를 길게 뽑으면서 울어대는 이유가 무엇이겠나? 굶주림에 지쳤기 때문일세. 하지만 저 늑대들에게 충분한 먹이를 주어보게. 그럼 저 녀석들이 어떻게 하겠나? 걸핏하면 서로 싸움질을 하거나 거들먹대면서 사막을 활보하고 다니겠지. 내일 어떤 일이 닥칠지 생각지도 않고서 말일세.

사람도 별다를 바가 없네. 사람에게 지혜와 황금을 한꺼번에 준다면 어떻게 되겠나? 지혜는 본 척도 않고 황금을 마냥 써댈걸세. 하지만 언젠가 황금이 바닥날 때 눈물로 통곡하겠지. 사람이란 이유로 신에게 무작정 사랑을 받는 것은 아닐세. 법을 알고 법을 묵묵히 따르는 사람에게만 신은 사랑의 손길을 내민다는 사실을 명심하게."

칼라밥은 옷을 끌어내려 여윈 발을 덮었다. 밤바람이 차가웠기 때문이다. 칼라밥은 모닥불가에 둥그렇게 모인 사람을 둘러보며 다시 말을 이었다.

"자네들은 오랜 여행 동안 나를 충실히 도와주었네. 내 낙타들을 정성껏 보살펴주었고, 뜨거운 햇살이 내려쬐는 사막을 횡단할 때도 한마디 불평을 하지 않았네. 내 물건을 빼앗아가려는 강도들에 맞서 용감히 싸웠네. 그래서 오늘밤 자네들에게 황금의 5가지 법칙을 가르쳐주는 것으로 그 보답을 하려 하네. 자네들이 전에는 듣지 못한 새로운 이야기일걸세. 바로 부자가 되는 방법이니까. 이제부터 내 이야기를 잘 듣고 가슴에 새겨두게. 그 뜻을 올바로 헤아려서 그대로 실천한다면 자네들도 언젠가 반드시 부자가 될 수 있을 테니까."

칼라밥은 잠시 말을 멈추었다. 푸른빛의 차양 위로는 별들이 바빌로니아의 검은 하늘에서 수정처럼 밝게 빛나고 있었고, 그들의 뒤로는 사막의 거센 바람에 대비해 말뚝을 깊이 박아 세운 천막의 그림자가 드리워져 있었다. 근처에서는 낙타들이 모래밭에 네 다리를 쭉 펴고 있었다. 기분좋게 되새김질하는 녀석들도 있었지만, 코까지 골아대면서 깊은 잠에 빠진 녀석들도 있었다.

짐꾼의 우두머리가 칼라밥을 바라보며 말했다.

"칼라밥 님, 당신께서는 우리에게 벌써 많은 이야기를 해주었습니다. 이번 일이 끝나면, 당신께서 말씀해주신 지혜를 실천하면서 앞날을 개척해 나갈 것입니다."

"그랬지. 내가 먼 나라에서 겪었던 많은 이야기들을 자네들에게 해주었지. 하지만 오늘밤에는 아카드란 사람이 남긴 지혜를 자네들에게 말해주려 하네. 자네들도 알겠지만, 아카드는 바빌론에서 가장 부자였던 사람이네."

짐꾼의 우두머리가 대답했다.

"예, 잘 알고 있습니다. 아카드란 사람에 대해서는 귀가 닳도록 들었습니다. 바빌론 역사상 가장 부자였다고 말입니다."

칼라밥이 빙긋이 미소를 지으며 말했다.

"맞았네. 바빌론 역사상 가장 부자인 사람이었네. 물론 그 이전의 사람들도 알았겠지만 아카드는 황금이 움직이는 길을 정확히 꿰뚫어본 사람이었지. 아주 오래 전, 내가 젊었을 때였네. 아카드의 아들인 노마시르를 니네베에서 우연히 만날 기회가 있었지. 그때 그는 내게 아카드의 지혜를 가르쳐주었네. 그 지혜를 실천한 덕분에 나는 지금처럼 부자가 될 수 있었네. 그래서 오늘밤 자네들에게도 그 지혜를 나눠주려 하네.

어느 날, 나는 내 주인과 노마시르의 집에서 밤늦도록 일하고 있었네. 주인을 도와서 값비싼 융단들을 집안으로 옮겼지. 노마시르는 아주 까다로운 사람이어서 융단 하나까지도 꼼꼼히 살펴본 다음에야 샀으니까. 마침내 노마시르는 만족스런 융단을 찾았는지, 우리에게 가까이 앉으라고 하면서 포도주 한 잔씩을 건네주었네. 정말 귀한 포도주였네. 그처럼 귀한 포도주에 익숙하지 못했던 까닭에, 그 향내는 내 콧속을 꽉 채우고 이내 내 뱃속을 따뜻한 온기로 감싸주더군.

그리고 그는 아버지인 아카드에게 배웠다는 삶의 지혜를 우리에게 가르쳐주었네. 자네들도 알겠지만, 자식들은 재산을 물려받겠다는 기대감에서 부모 곁을 떠나지 않고 사는 것일세. 바빌론이라고 예외는 아니었지. 하지만 아카드는 그런 관습을 그대로 인정하지 않았지. 그래서 노마시르가 성년이 되었을 때, 아카드는 아들에게 이렇게 말했다고 하더군.

'노마시르야, 네가 내 재산을 물려받았으면 좋겠구나. 하지만 네가 내 재산을 제대로 관리할 수 있을지는 의문이다. 먼저 네 능력을 증명해 보이거라. 네가 저 넓은 세상으로 나가서, 돈을 벌어들이면서도 주변 사람들에게 존경받을 능력이 있다는 사실을 내게 보여주기 바란다. 나는 무일푼으로 시작해서 이렇게 많은 재산을 모았지만, 너에게는 2가지를 주겠다. 하나는 황금으로 채워진 주머니다. 이 황금 주머니는 네가 슬기롭게 사용할 경우 너를 성공의 길로 인도해주는 디딤돌이 되어줄 것이다.

그리고 다른 하나는 황금의 5가지 법칙이 새겨진 토판이다. 이 토판에 씌어진 법칙대로 네가 실천한다면, 어떤 일이라도 안전하게 해낼 수 있는 지혜를 갖게 될 것이다. 아들아, 떠나거라. 그리고 10년 후에 돌아오거라. 그런 후에 네가 그동안 어떤 일을 해냈는지 말해다오. 네가 올바로 해냈다면 나는 기꺼이 너를 내 상속자로 인정하겠지만, 그렇지 못하다면 모든 재산을 신에게 바칠 생각이다.'

그래서 노마시르는 그날로 바빌론을 떠났지. 비단에 곱게 싼 토판과 황금 주머니를 말에 싣고 바빌론을 떠나 먼 세상으로 여행을 시작했네. 그리고 아버지와의 약속대로 10년이 지난 후, 노마시르는 고향으로 돌아왔네. 아버지는 아들의 귀향을 즐거워하며 친구들과 친척들까지 초대해서 큰 잔치를 벌였네. 잔치가 끝난 후, 아카드 부부는 왕의 옥좌가 부럽지않은 호화스런 의자에 앉아 노마시르를 불렀네. 노마시르는 부모 앞에 공손히 서서, 아버지와의 약속대로 그동안 겪었던 일들을 빠짐없이 고하기 시작했네.

그때가 저녁이었다고 하더군. 방을 어스름히 밝힌 등잔불의 심지에서 피어오른 연기로 방안은 안개가 낀 것처럼 보였네. 하얀 옷을 입은 노예들이 종려나무 잎새를 살랑살랑 흔들어대면서 습한 공기를 몰아내고 있었겠지. 노마시르의 아내와 어린 두 아들, 그리고 친구들과 친척들은 응접실에 깔아놓은 융단에 조용히 앉아 노마시르의 이야기에 귀를 기울였다네. 노마시르는 차분한 목소리로 지난 10년을 회고하기 시작했네.

'아버님, 먼저 아버님의 지혜에 깊이 감사드립니다. 10년 전 제가 성인이 되었을 때, 아버님은 제게 넓은 세상으로 나가서 사람들과 부대끼면서 살아보라고 말씀하셨습니다. 덕분에 저는 재물의 노예에서 벗어날 수 있었습니다. 아버님은 제게 넉넉한 황금을 준비해주셨습니다. 게다가 아버님의 지혜까지 함께 주셨습니다. 황금은 물거품과도 같은 것이었습니다. 산토끼를 처음 잡아본 사람의 손에서 산토끼가 달아나듯이, 삶의 경험이 없었던 제 손에서 황금은 물거품처럼 사라졌습니다.'

그러나 아카드는 인자한 미소를 지으면서 노마시르에게

말했다네.

'계속하거라. 네 이야기를 좀더 자세히 듣고 싶구나.'

저는 먼저 니네베로 갔습니다. 니네베는 성장하는 도시였기 때문에 기회도 많을 것이란 생각 때문이었습니다. 대상(隊商)의 일원이 되어 니네베로 가는 길에 많은 친구를 사귈 수 있었습니다. 그 중에 말쑥하게 생긴 두 남자가 있었는데 그들은 바람처럼 빠른 백마의 공동 소유주였습니다.

어느 날 그들은 제게 다가와 은밀히 말했습니다. 니네베에 지금까지 한 번도 경마에서 패한 적이 없는 말을 소유한 부자가 있다는 것이었습니다. 게다가 그 부자는 이 세상의 어떤 말도 자기 말을 이길 수 없다고 믿고 있어 바빌로니아 전체에서 어떤 말과 경주할 때도 커다란 돈을 건다는 것이었습니다. 하지만 두 친구는 그들의 말에 비할 때 부자의 말은 느림보 거북이에 불과하다면서 제게도 그 경주에 돈을 걸 기회를 주겠다고 말했습니다. 저는 그런 기회를 거부할 이유가 없었습니다. 그러나 결과는 처참하게 패해서 저는 큰돈을 잃고 말았습니다.

나중에야 저는 그것이 속임수였다는 것을 알았습니다. 그들은 대상들과 여행하면서 저처럼 세상물정에 어두운 숙맥을 찾고 있었던 것입니다. 물론 니네베의 그 부자도 한패였습니다. 그 교묘한 속임수에서 저는 한 가지 교훈을 배웠습니다. "항상 경계하라!"라는 교훈이었습니다.

두 번째 교훈도 역시 쓰라린 경험을 한 끝에 얻었습니다. 대상 중에 저와 가깝게 지내던 젊은 친구가 있었습니다. 그는 부잣집 아들이었습니다. 저처럼 돈벌이를 하러 니네베로 여행하던 친구였습니다.

니네베에 도착해서 시간이 조금 지났을 때였습니다. 경마 사기꾼들에게 속아 실의에 빠져 있던 저에게 그 친구가 찾아왔습니다. 한 상인이 죽었는데, 물건과 단골손님을 아주 싼값에 넘겨받을 수 있다는 이야기였습니다. 간단히 말해서 저와 동업자가 되어 그 상점을 인수하자는 것이었습니다. 하지만 그가 투자할 돈을 가져오기 위해 바빌론에 다녀와야 하니 제 돈으로 일단 그 상점을 인수하고, 나중에 그의 몫만큼 돌려주겠다고 말했습니다. 저는 경마 사기꾼에게 털린 돈을 만회하고 싶어 그 제안에 선뜻 응했습니다.

그러나 바빌론으로 떠난 그는 돌아오지 않았습니다. 설상가상으로 그 상점은 전혀 장사가 되지 않았습니다. 상점을 인수한 후에야 깨달았지만 진열된 물건들이 거의 팔리지 않는 것들이었습니다. 하지만 다른 물건을 들여놓을 돈이 없었습니다. 결국 저는 그 상점을 유대인에게 헐값에 넘기는 수밖에 없었습니다.

그후 저는 그야말로 비참한 시간을 보내야 했습니다. 일자리를 찾아보았지만 그것도 쉽지 않았습니다. 그때까지 돈을 벌어본 적도 없고 장사를 해본 적도 없는 사람을 누가 고용하려 했겠습니까! 저는 말과 노예들을 팔았습니다. 여분의 옷까지도 팔았습니다. 당장 먹을 것과 잠잘 곳이 필요했기 때문입니다. 하지만 사정은 조금도 나아지지 않았습니다. 시간이 지날수록 제 생활은 궁핍해질 뿐이었습니다.

그러나 그렇게 힘겨운 시간을 보내면서도 저는 용기를 잃지 않았습니다. 아버님께서 저를 세상에 내보낸 이유를 깨달았기 때문입니다. 저를 사람다운 사람으로 만들려고 세상에 내보낸 것이라 믿었기 때문입니다. 저는 어떤 고난에도 좌절하지 않고 세상의 이치를 깨닫겠다고 결심했습니다.

그러자 그때서야 아버님이 제게 주신 토판이 생각났습니다. 황금의 5가지 법칙이 새겨진 토판이 그때서야 생각났습니다. 저는 토판에 새겨진 지혜의 말씀을 읽었습니다. 그리고 진작에 그 토판을 읽었더라면 제 돈을 그처럼 허망하게 잃지 않았을 것이라는 사실을 깨달았습니다.

저는 5가지 법칙을 읽고 또 읽었습니다. 글자 하나까지 제 가슴에 새겨지도록 읽었습니다. 행운의 여신이 제게 다시 미소를 지어준다면, 결코 실패하지 않을 것이란 자신감이 생겼습니다. 오늘밤 이곳에 계신 분들을 위해서, 아버님이 제게 10년 전에 주신 토판에 새겨져 있던 황금의 5가지 법칙을 알려드릴까 합니다.

황금의 5가지 법칙

1. 수입의 1할 이상을 꾸준히 저축하는 사람에게 황금은 기꺼이 찾아올 것이며, 곧 그와 가족의 행복한 미래까지 보장해주는 커다란 재산으로 커갈 것이다.
2. 황금을 안전한 곳에 투자할 때 황금은 꾸준히 늘어나고, 나중에는 들판의 양떼처럼 급속히 늘어날 것이다.
3. 지혜와 경험을 갖춘 사람의 조언을 받아 황금을 투자하는 신중한 사람만이 황금을 지킬 수 있을 것이다.
4. 본인이 잘 알지 못하는 분야나, 경험 있는 사람이 추천하지 않는 분야에 투자하는 사람은 황금을 지킬 수 없을 것이다.
5. 일확천금을 꿈꾸거나, 사기꾼의 달콤한 감언이설을 좇고 있거나, 자신의 미숙함을 깨닫지 못한 채 덧없는 욕망에 사로잡힌 사람은 결코 황금을 손에 쥘 수 없을 것이다.

아버님이 주신 황금의 5가지 법칙입니다. 황금보다 훨씬 큰 가치가 담긴 지혜의 말씀이었습니다. 제가 가난과 절망의 나락으로 빠졌던 것은 저의 미숙함 때문이었습니다.

그러나 끝이 없는 재앙은 없는 법입니다. 저는 니베네 성 밖에서 일하는 노예들을 관리하는 일자리를 어렵사리 구할 수 있었습니다. 황금의 1법칙에서 배운 대로 저는 첫 봉급에서 동전 하나를 저축했습니다. 돈이 생길 때마다 한 푼씩 저축하면서 마침내 은화 한 닢으로 키워냈습니다. 먹고 살아야 했기 때문에 저축하는 것도 그리 쉬운 일은 아니었습니다. 그러나 이를 악물고 절약하며 살았습니다. 10년이란 세월이 지나서 아버님에게 돌아가기 전에, 아버님이 제게 주신 만큼의 돈을 벌기로 결심했습니다.

어느 날 노예 주인이 저를 찾아왔습니다.

"자네는 무척이나 검약한 청년이구먼. 돈을 그토록 절약하니 말일세. 돈을 그처럼 모으는 이유라도 있는가?"

"저에게는 목표가 있기 때문입니다. 고향을 떠날 때 아버지가 꽤 많은 돈을 주었지만 그동안 몽땅 잃고 말았습니다. 그만큼의 돈을 모으는 것이 제 목표입니다."

"바람직한 목표군. 그런데 자네가 모은 돈을 제대로 굴리면 더 많은 돈을 벌 수 있을 텐데?"

"알고 있습니다. 하지만 제게는 경험이 없습니다. 아버지가 주신 황금을 허망하게 잃었기 때문에, 똑같은 실수를 범하게 될까 두려울 뿐입니다."

그러자 노예 주인이 제게 이렇게 말했습니다.

"자네가 날 믿는다면 황금을 굴려서 이익을 낼 수 있는 방법을 알려주겠네. 앞으로 1년 내에 이 외성(外城)이 완성되면 동서남북으로 성문마다 커다란 청동문을 세워야 할걸세. 그런데 니네베에는 그 성문을 만들 만한 청동이 부족하지. 그런데 성주는 청동을 확보할 생각조차 않고 있네. 그래서 나는 이런 계획을 세워보았네. 뜻이 맞는 사람들끼리 돈을 모아서 구리광산과 주석광산에 대상을 보내는 걸세. 그들에게 성문을 세울 때 필요한 청동을 만들어 니네베까지 가져오도록 하는 거지. 그렇게 한다면 성주가 성문을 만들려 할 때, 우리만 청동을 공급할 수 있기 때문에 높은 값에 팔 수 있지 않겠나? 설사 왕이 우리에게 청동을 사지 않더라도 우리는 적정한 가격에 청동을 다른 사람들에게 팔 수도 있을걸세."

노예 주인의 제안은 황금의 3법칙에 정확히 들어맞는 것이었습니다. 그래서 저도 힘겹게 모은 돈을 모두 투자했습니다. 다행히 기대에 어긋나지 않았습니다. 계획대로 모든 일이 착착 진행되었습니다. 그 투자로 저는 상당한 돈을 회수할 수 있었습니다.

얼마 후, 저는 청동사업에 공동출자한 단체의 일원이 되어 다른 사업에 참여하게 되었습니다. 그들은 돈을 다루는

데 경험이 많은 사람들이었습니다. 그들은 각자의 생각을 신중하게 피력하면서 열띤 토론을 거친 뒤에야 투자할 사업을 결정했습니다. 그들은 원금을 잃은 적이 없었고, 수익을 내지는 않더라도 원금을 회수할 수 없는 사업에 투자한 적이 없었습니다. 그들과 함께 사업을 한다면, 아무런 경험도 없이 뛰어들었던 장사나 말경주와 같이 어리석은 짓을 범할 가능성은 거의 없었습니다. 게다가 그들은 자신들에게 취약한 점이 무엇인지도 정확히 알고 있는 사람들이었습니다.

그들과 교제하면서 저는 돈을 안전하게 투자해서 수익을 거두는 방법을 하나씩 깨우쳐갈 수 있었습니다. 시간이 지나면서 제 돈은 점점 빨리 불어났습니다. 제가 잃었던 돈을 모두 만회한 것은 물론이고 그 이상을 벌었습니다. 제가 겪은 실패와 시련, 그리고 성공을 통해서 분명히 깨달을 수 있었습니다.

아버님께서 가르쳐주신 황금의 5가지 법칙은 한치의 오차도 없었습니다. 황금의 5가지 법칙을 모르는 사람에게 어찌 돈이 모일 수 있겠습니까? 설령 돈을 벌더라도, 그 돈은 눈 깜짝할 사이에 사라지고 맙니다. 그러나 황금의 5가지 법칙에 충실한 사람에게는 돈이 모이기 마련입니다. 게다가 그 돈이 충실한 노예처럼 다른 돈을 벌어줍니다.

노마시르는 이렇게 이야기를 끝내고 한 노예에게 손짓으

로 신호를 보냈네. 그 노예는 커다란 가죽 주머니 3개를 앞으로 가져왔네. 노마시르는 그 중 하나를 아카드 앞에 옮겨 놓으며 이렇게 말했다더군.

'아버님은 제게 바빌론의 황금을 주었습니다. 아버님께 똑같은 무게의 니네베 황금으로 돌려드리겠습니다.'

그리고 노마시르는 2개의 황금 주머니를 아카드 앞에 옮겨 놓으며 말했네.

'아버님은 제게 지혜의 말씀이 새겨진 토판을 주었습니다. 그 값으로 두 부대의 황금을 드리겠습니다. 황금보다 지혜가 더 값진 것이라 생각하기 때문입니다. 지혜의 가치를 어떻게 황금으로 환산할 수 있겠습니까? 지혜가 없다면 황금은 한낱 물거품에 불과합니다. 지혜가 없다면, 아무리 많은 황금도 순식간에 사라질 테니까요. 하지만 지혜가 있다면 맨손으로도 황금을 벌어들일 수 있습니다. 제가 벌어들인 이 황금 주머니가 그 증거입니다. 아버님, 제가 오늘 아비님 앞에 떳떳하게 설 수 있는 것이나, 제가 부사가 되어 사람들에게 존경받는 것은 모두 지혜 덕분이었습니다.'

이렇게 말하자 아카드는 흐뭇한 미소를 지으며 의자에서 일어나 아들의 손을 꼭 잡아주며 말했네.

'네가 돈의 이치를 깨달았구나. 정말 기쁘다. 내 재산을 믿고 맡길 수 있는 아들을 두어 정말 기쁘다.'"

칼라밥은 이렇게 이야기를 끝내고 젊은 친구들에게 눈길

을 돌리며 물었다.

"노마시르의 이야기가 무슨 뜻인지 이해할 수 있겠나? 자네들 중에서 아버지나 장인에게 달려가 남부럽지 않게 돈을 벌었다고 떳떳하게 말할 사람이 있는가? 만약 자네들이 '그동안 많은 곳을 여행했습니다. 많은 것을 배웠고 열심히 일해서 꽤 많은 돈을 벌었습니다. 슬기롭게 쓴 돈도 있지만 때로는 어리석게 돈을 낭비하고 말았습니다. 엉뚱한 곳에 투자해서 많은 돈을 잃었습니다'라고 말한다면 그분들이 무엇이라 말하겠나?

아직도 부자와 가난한 사람의 차이가 운명의 차이라고 생각하는가? 그렇게 생각한다면 잘못된 생각이네. 부자는 황금의 5가지 법칙을 알고 그 법칙을 충실히 지킨 사람일세. 나도 젊은 시절에 5가지 법칙을 배웠고 그 법칙에 따라 살았기 때문에 지금처럼 부자가 될 수 있었네. 어떤 특별한 마법의 힘으로 재산을 모은 것이 절대 아니네.

갑자기 굴러들어온 돈은 순식간에 사라지는 법일세. 꾸준히 배우고 열심히 노력해서 번 돈만이 자네들의 행복과 즐거움을 끝까지 지켜주는 재산으로 키워질 수 있는 법이네. 돈을 번다는 것이 무엇이겠나? 어려운 일이라 생각하나? 그렇지 않네. 항상 생각하고 연구하게. 돈을 번다는 것은 생각하는 사람이 짊어지는 가벼운 짐에 불과한 것이네. 그 짐을 기꺼이 짊어질 때, 세월이 지나면 자네들은 꿈에서

나 그리던 목표를 달성할 수 있을걸세.

황금의 5가지 법칙은 반드시 보상을 해주네. 이 법칙을 충실히 따른 사람에게는 반드시 보상이 따르네. 이 5가지 법칙에는 깊은 뜻이 담겨 있네. 내가 짤막한 이야기로 그 뜻을 대략 말해주었지만 노파심에서 다시 한번 되풀이하고 싶구먼. 나는 이 5가지 법칙을 젊었을 때부터 가슴에 새기고 살았네. 그 뜻을 완벽하게 이해할 때까지 읽고 또 읽으면서 내 것으로 만들었네."

황금의 1법칙

"수입의 1할 이상을 꾸준히 저축하는 사람에게 황금은 기꺼이 찾아올 것이며, 그와 가족의 행복한 미래까지 보장해주는 커다란 재산으로 커갈 것이다."

당신이 수입의 1할을 꾸준히 저축해서 모은 돈을 적절한 곳에 투자한다면, 당신의 행복한 미래를 보장해줄 충분한 재산을 마련할 수 있을 것이다. 게다가 당신이 신의 부름을 받았을 때도 그 재산이 가족의 행복을 지켜줄 수 있을 것이다. 수입의 1할 이상을 꾸준히 저축하는 사람에게 돈은 기꺼이 찾아온다. 이것은 자연의 법칙이다. 돈이 많아질수록 돈은 급속도로 불어난다. 돈이 돈을 낳기 때문이다.

부자가 되고 싶은가? 그렇다면, 오늘부터 수입의 1할 이상을 무조건 저축하라.

 황금의 2법칙

"황금을 안전한 곳에 투자할 때 황금은 꾸준히 늘어나고, 나중에는 들판의 양떼처럼 급속히 늘어날 것이다."

돈은 적극적 의지를 가진 일꾼과 같다. 기회가 주어질 때마다 돈은 불어나게 되어 있다. 기회가 찾아오더라도 당신에게 한푼의 돈도 없다면 무슨 소용이 있겠는가!

돈을 모아라. 그리고 기회를 기다려라. 기회는 반드시 온다. 그 기회를 최대한 활용하라. 돈은 일정한 수준에 이르면 놀라운 속도로 불어난다.

황금의 3법칙

"지혜와 경험을 갖춘 사람의 조언을 받아 황금을 투자하는 신중한 사람만이 황금을 지킬 수 있을 것이다."

신중한 사람과 경솔한 사람이 있다. 경솔한 사람의 손에서 빠져나온 돈은 신중한 사람을 찾아간다. 인력의 법칙과 마찬가지이다.

식견과 경험을 갖춘 사람에게 조언을 구해라. 그래야 당신의 돈을 위험에 빠뜨리지 않고 안전한 곳에 투자할 수 있을 것이다. 그래야 돈이 조금씩 쌓여가는 즐거움을 만끽할 수 있을 것이다.

황금의 4법칙

"본인이 잘 알지 못하는 분야나, 경험있는 사람이 추천하지 않는 분야에 투자하는 사람은 황금을 지킬 수 없을 것이다."

돈을 가졌지만 돈을 굴리는 방법을 모르는 사람이 반드시 기억해야 할 법칙이다. 언뜻 생각하면 돈벌이가 될 만한 사업도 일단 시작하면 낭패를 보기 십상이다. 식견과 경험을 갖춘 사람들이 면밀히 분석해야 실낱같은 가능성이라도 보장받을 수 있다. 따라서 돈이 있더라도 자신의 판단을 믿고 잘 알지도 못하는 사업에 투자를 한다면 어찌 되겠는가? 충분한 경험이 있어도 미래의 판단은 어려운 것이다. 그런데 경험도 없는 사업의 미래를 어떻게 정확히 판단할 수 있겠는가? 십중팔구 값비싼 수업료를 치러야 할 것이다.

지혜로운 사람이 되어야 한다. 다리품을 팔더라도, 돈의 흐름을 정확히 꿰뚫어보는 사람을 찾아가 조언을 받은 후에 당신의 돈을 투자하라.

황금의 5법칙

"일확천금을 꿈꾸거나, 사기꾼의 달콤한 감언이설을 좇고 있거나, 자신의 미숙함을 깨닫지 못한 채 덧없는 욕망에 사로잡힌 사람은 결코 황금을 손에 쥘 수 없을 것이다."

환상적인 이야기로 가득한 모험소설의 주인공은 언제나 보물창고를 발견하면서 하루아침에 부자가 된다. 게다가 마법의 힘이 작용하면서 주인공의 재산은 나날이 불어난다. 그러나 이런 이야기는 동화에서나 읽을 수 있는 것이다. 현실은 전혀 다르다.

일확천금을 꿈꾸지 마라. 순식간에 돈을 벌 수 있다는 감언이설은 당신을 파멸의 구렁텅이로 몰아넣는 달콤한 유혹일 뿐이다.

칼라밥은 황금의 5가지 법칙을 하나씩 설명한 후에 젊은 사람들에게 당부하듯 말했다.

"노마시르와 함께 투자했던 니네베의 부자들이 어떻게 행동했는가를 항상 기억하게. 그들은 한 번도 원금을 잃은 적이 없었네. 그들은 원금을 언제라도 환수할 수 없는 사업에는 결코 투자하지 않았네. 이것으로 황금의 5가지 법칙에 대한 내 이야기는 끝났네. 내가 평생 동안 간직해온 비밀이라도 털어놓은 듯 홀가분한 기분이지만, 정확히 말해서 황금의 5가지 법칙은 결코 부자가 되는 비결이 아니네. 오히려 우리 모두가 배워야 하는 진리의 말씀이지. 저기에서 울어대는 늑대처럼 매일 먹을 것을 걱정하는 숱한 사람들 틈에서 벗어나 행복한 삶을 살고 싶다면 반드시 지키고 따라야 할 진리인 걸세.

내일 우리는 바빌론에 도착하네. 보게! 저 높은 탑 꼭대기에서 언제나 타오르고 있는 영원의 불꽃을 보게! 바빌론이 우리 눈앞에 있네. 내일이면, 자네들은 내게 품삯을 받을 것이네. 자네들이 그동안 땀을 흘리며 고생한 대가일세. 그 황금으로 무엇을 할 텐가? 앞으로 10년 후, 그 황금이 어떻게 변해 있을까? 자네들 중에 노마시르와 같은 사내가 있다면, 장래의 즐거운 삶을 위해서 그 황금의 일부를 저축하겠지. 그리고 아카드가 가르쳐준 지혜를 묵묵히 지키면서 살아가겠지. 하지만 10년 후, 그는 아카드의 아들처럼 자신있게 말할 수 있을걸세. 그 돈을 발판으로 삼아 부자가 되었고 주변에서 존경받는 사람이 되었다고!

부디 지혜롭게 행동하게. 그래야 자네들의 삶이 즐거울 테니까. 우리에게 즐거움을 주고 도움을 주는 것은 황금이 아니라 지혜일세. 어리석은 행동은 우리에게 괴로움과 고통을 안겨줄 따름이네. 하지만 우리는 얼마나 어리석게 살아가고 있는가? 수많은 기회가 우리에게 찾아왔지만, 우리는 어떻게 했나? 기회를 놓쳐버리고 뒤늦게야 땅을 치며 후회하지 않았는가?

바빌론에 자네들까지 차지할 돈이 남아 있겠느냐고? 그런 생각은 접어버리게. 바빌론에는 돈이 넘쳐흐르네. 마치 그 끝을 알 수 없는 화수분과 같은 곳일세. 매년 더욱 부유해지고 풍요로워지는 곳이 바로 바빌론이네. 노력한 만큼의 보상이 따르는 곳이지. 뚜렷한 목표의식을 갖고 열심히 일하면서 기회를 기다리는 사람에게 충분한 보상을 해주는 땅이 바빌론이네. 마법의 힘을 다른 곳에서 바라지 말게. 우리가 꿈꾸는 마법의 힘은 우리 마음가짐에 있는 것이네. 황금의 5가지 법칙을 가슴에 새기고 뜨거운 열망으로 목표를 향해 나아간다면 자네들도 언젠가는 바빌론의 보물을 차지할 수 있을 것이네."

황금의 5가지 법칙을 당신의 평생 신조로 삼아라.

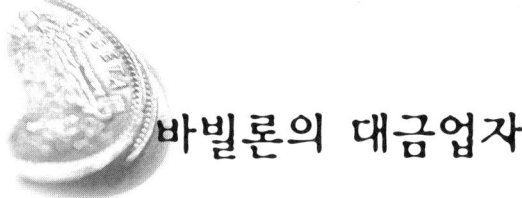바빌론의 대금업자

50개의 금화! 바빌론의 창제조인 로단에게 그 돈은 생전 처음으로 만져보는 거금이었다. 로단은 마냥 행복했다. 너그러운 왕께 감사하며 왕궁을 벗어나 시내로 성큼성큼 걸었다. 걸음을 옮길 때마다 허리춤에 찬 전대에서는 금화가 짤랑대며 부딪히는 소리가 기분좋게 들렸다. 그에게는 어떤 음악보다 달콤한 소리였다.

50개의 금화가 모두 그의 것이었다. 꿈일까 생시일까? 로단은 꿈속을 걷는 듯한 기분이었다. 금화가 짤랑대는 소리는 천상의 음악처럼 들렸다. 그 돈이면 원하는 것은 무엇이든 살 수 있었다. 저택, 땅, 소, 낙타, 말, 마차…… 그가 원한다면 어떤 것이라도 살 수 있었다.

이 돈으로 무엇을 해야 할까? 그날 저녁 로단은 누이동생의 집으로 돌아가면서도 50개의 금화 이외에는 다른 생각을 할 여유가 없었다. 허리춤에서 묵직하게 느껴지는 금화가 그의 머릿속을 꽉 채웠다.

며칠 후 저녁, 로단은 대금업자이면서 희귀한 옷감과 보석을 취급하는 마톤의 가게를 찾아갔다. 로단은 울긋불긋한 장식품들에는 눈길조차 주지 않고 곧바로 가게 안쪽에 있는 방으로 들어갔다.

마톤은 융단에 앉아, 흑인 노예가 차려준 식사를 즐기고 있는 중이었다.

로단은 금화가 든 가죽 전대를 가슴에 안은 채 마톤에게 어렵게 입을 떼었다.

"마톤 님, 선생님의 조언을 구하고 싶습니다. 도무지 어찌할 바를 모르겠습니다."

마톤은 로단에게 반갑게 인사를 건네며 물었다.

"대체 무슨 일이기에 자네가 나같은 대금업자를 찾아왔나? 도박장에서 돈이라도 잃었나? 아니면 자네 마음을 사로잡은 여자라도 생긴 건가? 오랫동안 자네를 지켜보았지만, 오늘처럼 쩔쩔매면서 내게 도움을 청한 경우가 없지 않았나."

"아닙니다, 오늘은 그런 일이 아닙니다. 돈을 빌리러 온 것이 아닙니다. 선생님의 현명한 조언이 필요합니다."

"대체 무슨 말인가? 나같은 대금업자에게 무슨 조언을 듣겠다는 건가? 혹시 내가 잘못 들은 것은 아니겠지?"

"아닙니다. 절대 아닙니다."

"대체 무슨 일인가? 마톤에게 돈이 아니라 조언을 청하다니……. 로단, 설마 나를 놀리는 것은 아니겠지? 내게 돈이 아니라 조언을 구하겠다고? 하기사 곤경에 빠진 사람에게 대금업자보다 적절하게 조언해줄 사람이 어디에 있겠나? 잘 찾아왔네, 로단! 이리 오게. 나랑 식사를 함께하면서 이야기를 나눠보도록 하세. 오늘 저녁 자네는 내 손님일세."

마톤은 흑인 노예를 불렀다.

"안도! 내 손님인 로단에게도 융단을 깔아주게. 내게 조언을 청하러 오신 손님일세. 로단에게도 먹을 것을 준비해주고, 내 집에 있는 가장 훌륭한 포도주를 갖고 오도록 하게나."

그리고 마톤은 로단에게 눈길을 돌리며 물었다.

"그래, 자네를 괴롭히는 문제가 뭔가?"

"왕께서 주신 선물 때문입니다."

"왕의 선물이라고? 왕께서 자네에게 선물을 주었단 말인가? 그것 때문에 고민이란 말인가? 대체 무슨 선물이기에 그런가?"

"친위대가 사용할 창을 새로 설계했는데 왕께서 무척이

나 흡족하셨던 모양입니다. 그래서 내게 금화를 무려 50개씩이나 선물로 주셨습니다. 그 금화를 어떻게 처리해야 할지 모르겠습니다. 게다가 내가 왕에게 커다란 선물을 받았다는 소문을 어디에서 들었는지 온갖 사람이 찾아와 돈을 나눠달라고 졸라댑니다."

"당연하겠지. 인간은 워낙에 그런 동물일세. 누군가 쉽게 돈을 얻었다는 소문이 돌면 그 사람에게 돈을 뜯어내려는 것이 인간의 속성이네. 하지만 자네는 거절하기가 쉽지 않겠지?"

"그래도 웬만한 사람들의 부탁은 거절했습니다. 하지만 거절하기 어려운 경우도 있었습니다. 더구나 그동안 나를 정성스레 돌봐준 누이동생의 부탁을 어찌 매몰차게 거절할 수 있겠습니까?"

"그럴까? 진짜 피를 함께 나눈 누이라면 자네가 땀흘려 노력한 대가를 빼앗아가려 하지 않을걸세."

"하지만 누이동생의 남편인 아라만 때문입니다. 남편의 사업 밑천을 만들어주고 싶어서 내게 도움을 청한 것입니다. 동생은 남편이 그동안 운이 없어 실패를 거듭했다면서, 내게 그 돈을 빌려달라고 눈물로 호소하고 있습니다. 이자까지 붙여서 꼭 갚겠다면서요."

마톤이 갑자기 심각한 목소리로 말했다.

"로단! 정말 나를 잘 찾아왔네. 정말 심각하게 따져보아야 할 문제구먼. 이제야 황금이 무엇인지 조금은 알았겠구먼. 황금은 그 주인에게 책임을 요구하네. 이웃과의 관계마저도 바꿔놓네. 혹시 잃어버리지나 않을까, 사기당하지나 않을까 하는 걱정거리까지 자네에게 안겨주네. 때로는 자네의 선의가 오해를 빚으면서 자네를 곤경에 빠지게도 만드네. 물론 뿌듯한 자부심과 어떤 일이라도 해낼 수 있으리란 자신감이 생기기도 하지. 혹시 동물의 말을 알아들었다는 니네베의 농부에 대한 이야기를 들어보았나? 자네에게 이 이야기를 해주고 싶구먼. 이것은 이야기꾼들이 만들어낸 이야기가 결코 아닐세. 돈을 빌려주고 돌려받는 것이 우리가 생각하는 것처럼 결코 간단한 것이 아니라는 교훈이 담긴 이야기일세."

니네베에 동물들의 언어를 알아듣는 농부가 살고 있었다. 그 농부는 매일 저녁 마당을 서성대면서 동물들이 서로 주고받는 이야기에 귀를 기울였다.

어느 날 저녁, 황소가 나귀에게 불만어린 목소리로 말했다.

"아침부터 밤늦게까지 밭을 갈아야 하는 내 신세가 불쌍할 뿐이네. 햇살이 뜨겁게 내리쬐는 날도, 네 다리가 휘청거릴 정도로 피곤한 날도, 나는 죽도록 일해야만 하네. 하지만 자네는 정말 행복해 보이는구먼. 항상 편히 쉬고 있는 것 같으니 말일세. 게다가 멋진 담요로 자네 몸을 감싸고 주인이 원하는 곳까지 태워주기만 하면 그만이지 않은가? 주인이 외출하지 않는 날이면 자네는 하루 종일 쉬면서 푸른 풀이나 뜯으면 그만이지 않은가?"

나귀는 착한 심성을 지닌 동물이었던 까닭에 황소에게 연민이 가득한 목소리로 말했다.

"그래, 자네는 정말 열심히 일하지. 내가 자네 일을 좀 덜어줄까? 그럼 자네도 조금은 쉴 수 있을 테니까. 이렇게 하게. 아침에 노예들이 자네를 밭으로 데리고 나가려 할 때, 땅바닥에 드러누워 큰 소리로 끙끙대게. 그럼 노예들이 자네가 아픈 줄 알고 일을 시키지 않을 거야."

다음 날 아침 황소는 나귀의 충고대로 땅바닥에 드러누워 큰 소리로 끙끙대며 아픈 척했다. 예상대로 노예들은 농부에게 달려가 황소가 아프니 밭을 갈 수 없을 것이라고 말했다. 그러자 농부가 대답했다.

"그럼 나귀라도 데리고 나가 밭을 갈도록 하게. 오늘중에는 밭갈이를 끝내야 하니까."

그래서 나귀는 황소를 대신해서 하루 종일 밭을 갈아야만 했다. 어스름이 내리면서 밭갈이를 끝냈을 때 나귀는 가슴이 터질 것만 같았다. 네 다리가 후들거리면서 걷기도 힘들었다. 멍에 때문에 목살까지 벗겨져서 따끔거렸다.

그날 밤에도 농부는 마당을 서성대면서 그들의 대화를

모두 엿들었다.

황소가 먼저 말했다.

"나귀, 정말 고마웠네. 자네의 현명한 충고 덕분에 오랜만에 편히 쉴 수 있었네."

나귀가 퉁명스레 대답했다.

"고마워할 것 없네. 자네를 조금이라도 도와주려고 순수한 마음에서 시작한 거니까. 자네를 대신해서 밭갈이를 하느라 힘들었지만 상관없네. 하지만 내일부터는 자네가 밭갈이를 나가게. 자네가 다시 아프면 푸주한에게 보내라고 주인이 노예에게 말하더구먼."

그후 황소와 나귀는 서로 말도 나누지 않는 사이가 되었다. 그렇게 그들의 우정은 깨지고 말았다.

"로단, 이 이야기에서 어떤 교훈을 배울 수 있겠나?"

로단이 대답했다.

"잘 모르겠습니다."

"어려운 교훈이 아닐세. 조그만 생각해보면 아주 간단한 것이네. '당신이 진정으로 친구를 돕고 싶다면, 친구의 짐까지 대신 짊어지지는 마라!' 는 것일세."

"그런 교훈입니까? 전혀 생각지도 못했습니다. 하지만 무슨 뜻인지 알겠습니다. 누이동생 남편의 짐까지 내가 감당할 필요가 없다는 뜻이겠죠. 하지만 선생님은 많은 사람에게 돈을 빌려줍니다. 그런데 돈을 꾸어간 사람이 돈은 잘 갚습니까?"

마톤은 빙긋 웃었다. 세월의 연륜을 느낄 수 있는 사람만의 미소였다.

"돈을 빌려간 사람이 돈을 갚지 않는다면 내가 어찌 이런 사업을 계속할 수 있겠나? 대금업자는 신중하고 정확하게 판단해야만 하네. 내게 돈을 빌려가는 사람이 내 돈을 어떻게 쓸 것인지, 내 돈을 제때 갚을 수 있을지, 괜히 그 사람을 빚더미에 앉히는 것은 아닌지 등을 신중하게 판단해야 되지 않겠나? 내게 돈을 빌려간 사람들에게 받은 담보물을 자네에게 보여주겠네. 그 담보물들을 보고 곰곰이 생각해보도록 하게."

그리고 마톤은 방에서 커다란 나무상자를 들고 나왔다. 청동 문양으로 장식된 그 상자는 붉은 돼지가죽으로 덮여 있었다. 마톤은 그 상자를 바닥에 내려놓고 그 앞에 쪼그려 앉아 덮개 위에 두 손을 올려놓으며 말했다.

"나는 돈을 빌려줄 때마다 꼭 담보물을 받았네. 빌린 돈을 모두 갚은 뒤에야 돌려주지. 이 담보물을 하나씩 살펴볼 때마다 내게 신용을 지키지 않은 사람들의 얼굴을 떠올리게 되네. 가장 안전하게 돈을 빌려주는 방법이 무엇이라 생각하나? 내가 빌려주려는 돈보다 훨씬 값어치 있는 물건을 담보로 잡는 걸세. 땅이나 보석이나 낙타를 담보로 잡는 걸세.

팔아서 내 돈을 회수할 수 있을 만한 것이면 어떤 것이라도 괜찮네. 보석을 맡기는 사람도 있지만, 돈을 갚지 못할 경우 부동산 권리를 내게 넘기겠다는 약정서를 써주는 사람도 적지 않네. 이처럼 담보물을 확실히 잡아두고 돈을 빌려주어야 원금은 물론이고 이자까지 보장받을 수 있지 않겠나? 이처럼 재산을 담보로 잡고 돈을 빌려주는 사람이 있는가 하면, 돈버는 능력을 담보로 잡는 사람도 있네. 바로 자네처럼 일정한 직업을 갖고 일하는 사람들에게 돈을 빌려줄 때 사용되는 방법일세. 그들에게는 일정한 수입이 있지. 그들이 정직하고 열심히 일하는 사람이라면, 내게 빌려간 돈만이 아니라 내게 약속한 이자까지 갚을 수 있을 테니까 그들에게는 별다른 걱정없이 돈을 빌려준다네. 말하자면 인간의 근면성을 믿고 돈을 빌려주는 셈일세. 그럼 재산도 없고 돈버는 능력도 없는 사람에게는 어떻게 해야겠나? 인생이란 고달픈 것이네. 그래서 세상에 적응하지 못하고 궁핍하게 살아가는 사람은 어떤 세상에나 있는 법일세. 그렇다고 그들에게 어찌 돈을 안 빌려줄 수 있겠나? 이런 경우에도 방법이 없는 것은 아닐세. 그 사람을 신용하는 친구들에게 보증을 받는 방법이네. 그렇게라도 하지 않는다면, 아무리 푼돈을 빌려주었더라도 내게는 그만큼 손해가 아니겠나!"

이렇게 말하며 마톤은 나무상자의 걸쇠를 풀고 덮개를 열었다. 로단은 얼굴을 내밀어 상자 안을 들여다보았다. 주홍빛 천 위에 청동 목걸이가 놓여 있었다.

마톤은 그 목걸이를 꺼내들고 가볍게 만저작거리면서 이렇게 말했다.

"이 목걸이는 앞으로도 영원히 이 상자를 떠나지 못할걸세. 그 주인은 벌써 세상을 떠났으니까. 나는 목걸이를 소중히 간직할걸세. 그에 대한 기억까지도 소중히 간직할걸세. 내게 너무도 소중한 친구였으니까. 우리는 함께 장사를 했었지. 꽤 많은 돈을 벌었네. 그런데 그 친구가 동쪽에서 한 여자를 데려와 결혼하겠다고 하더군. 무척이나 아름다웠지만 우리나라 여자와는 상당히 달랐네. 정말 눈이 부시도록 아름다운 여자였네. 내 친구는 그녀를 위해서라면 돈을 아끼지 않았네. 결국 돈이 바닥나자 그 친구는 나를 찾아와 도움을 청했지. 내 목숨처럼 소중한 친구를 어찌 모른 척할 수 있었겠나? 그 악마같은 여자를 정리한다면, 그리고 다시 정신을 차려 일을 계속한다면 물심양면으로 돕겠다고 약속해주었네. 그 친구도 내 말대로 하겠다고 신에게 맹세까지 했었네. 하지만 뜻대로 되지 않았네. 말다툼 끝에 그녀는 내 친구의 심장을 칼로 찔렀고 내 친구는 그 자리에서 절명하고 말았지."

로단이 물었다.

"그럼 그 여자는 어떻게 되었나요?"

"그 여자도 지금은 이 세상 사람이 아닐세. 이것이 그 여자의 유품이네."

이렇게 말하며 마톤은 주홍빛 천을 꺼내들었다.

"그녀도 양심의 가책을 이기지 못하고 유프라테스강에 몸을 던졌네. 결국 이 물건을 잡고 빌려준 돈은 돌려받을 수 없게 된 셈이지. 로단, 이 담보물에서 무엇을 깨달았나? 잊지 말게, 심한 갈등에 빠진 사람에게는 돈을 절대로 빌려주지 말아야 하네!"

이렇게 말하며 마톤은 상자에서 소뼈를 조각해 만든 반지를 꺼냈다.

"이걸 좀 보게. 이번에는 좀 다른 이야기일세. 이 반지는 어떤 농부의 것이네. 자네와 내가 깔고 앉아 있는 융단은 그 농부의 아내에게서 내가 산 것이라네. 오래 전 메뚜기떼가 그들의 밭을 습격해서 완전히 폐허로 만들어버렸네. 그들에겐 먹을 것조차 남아 있지 않아 내가 도움을 주었네. 다시 농작물을 심어서 내게 갚으면 되니까. 그런데 어느 날 농부가 나를 찾아와서는 한 여행자에게 들었다며 다른 나라에 이상한 염소가 있다는 소문에 대해 말해주었네. 그 염소는 털이 길고 부드러워서 융단을 짜기에 안성맞춤이라며, 바빌론에서 지금껏 보던 것과는 비교가 되지 않을 정도로 아름다운 융단을 짤 수 있다는 것이었네. 그는 그 이상한 염소를 키우고 싶었지만 돈이 없었네. 그래서 내가 돈을 빌려주었지. 그는 그 나라로 가서 염소를 사와 지금 열심히 키우고 있다네. 아마 내년쯤이면 바빌론에서 깜짝 놀랄 일이 벌어질걸세. 바빌론에서 지금껏 보지 못한 멋진 융단이 생산되어 부자들이 앞다투어 살 테니까. 그럼 나도 이 반지를 돌려줘야 하겠지. 그도 하루 빨리 돈을 갚고 이 반지를 찾아가고 싶어할걸세."

로단이 다시 물었다.

"그런 사람에게 돈을 빌려줘야겠군요?"

"그렇다네! 뚜렷한 목표를 갖고 돈을 빌리는 사람에게는 돈을 떼일 염려가 거의 없네. 하지만 아무런 계획도 없이 돈을 빌리는 사람은 주의하도록 하게. 비록 그 사람이 제때 돈을 갚더라도 항상 경계심을 늦추지 말게."

로단은 고개를 끄덕이는 것으로 대답을 대신했다. 그리고 보석을 박아 넣은 금팔찌를 나무상자에서 꺼내들며 마톤에게 물었다.

"이 팔찌에는 어떤 사연이 있습니까?"

마톤은 히죽이 웃으면서 말했다.

"역시 여자에게 관심이 많구먼."

"그거야 선생님보다 훨씬 젊으니까요!"

"인정하겠네. 하지만 자네 생각처럼 낭만적인 이야기가 아닐세. 그 팔찌는 뚱뚱한 노파가 주인이지. 게다가 말은 많은데 알맹이는 없어 나를 미치게 만드는 노파일세. 그 노파 집안도 옛날에는 떵떵거리고 살았던 부자였지만 악운이 계속해서 덮치면서 거의 파산지경에 이르렀지. 그런데 노파는 아들을 장사꾼으로 만들고 싶어했네. 그래서 내게 돈을 빌려다가 아들에게 장사 밑천으로 주었네. 그 아들은 낙타에 물건을 싣고 이 도시에서 저 도시로 떠돌아다니던 대상과 동업자가 되었지. 그런데 그 대상이 고약한 악당이었네. 아들이 잠든 사이에 모든 물건을 싣고 줄행랑을 친걸세. 졸지에 그 아들은 머나먼 타국 땅에서 빈털터리가 되고 말았고. 물론 노파는 아들이 성장하면 틀림없이 갚아줄 것이라고 말하지만 어찌 믿을 수 있겠나? 하지만 이 금팔찌가 빌려준 돈만큼의 가치가 있으니 걱정할 필요는 없겠지."

"그 노파가 선생님에게 조언을 구하지 않았나요?"

"조언을 구했느냐고? 오히려 자기 아들이 바빌론에서 가장 똑똑한 줄 알고 있더구먼. 내가 조금이라도 핀잔을 주면 노파는 화를 버럭 내면서 입도 뻥끗하지 못하게 만들었네. 이런 사람에게 내가 무슨 조언을 할 수 있었겠나? 세상물정을 모르는 그 아들에게 닥칠 위험이 불보듯 뻔했지만, 노파가 확실한 담보물을 제시했기 때문에 나는 돈을 빌려주지 않을 이유가 없었네."

그리고 마톤은 나무상자에서 예쁘장한 매듭을 꺼내면서 말했다.

"이것은 낙타상인인 네바투르의 것일세. 며칠 전, 낙타를 사야 하는데 돈이 부족하다면서 찾아왔더군. 그래서 그가 필요하다는 만큼을 빌려주었지. 네바투르는 믿을 수 있는 장사꾼일세. 그의 판단력을 믿기 때문에, 나는 별다른 가치도 없는 이 매듭을 담보로 잡고 큰돈을 그에게 빌려주었네. 물론 네바투르 이외에도 바빌론에는 믿을 만한 장사꾼들이 많네. 그들에게는 담보를 잡을 필요가 없지만 그래도 형식은 갖춰야지. 약속한 날짜에 어김없이 돈을 갚으니 그들을 어찌 믿지 않을 수 있겠나? 훌륭한 장사꾼들이 바빌론의 재산이네. 그들이 번창해야 바빌론이 번영할 수 있고, 그 틈에서 나도 수익을 남길 수 있으니까."

마톤은 터키옥을 조각해 만든 딱정벌레를 상자에서 꺼내 바닥에 굴리면서 말했다.

"이집트에서 건너온 것이네. 이 딱정벌레의 주인이었던 사내에게 돈을 회수할 생각은 벌써 포기한 지 오래야. 내가 돈을 갚으라고 할 때마다, '좋지 않은 일만 겹쳐 일어나는데 돈을 어떻게 갚으란 말이오? 돈도 많은 사람이 대체 왜 그래요?'라고 오히려 내게 욕을 해댄다네. 그런 사람에게 어떻게 해볼 수 있겠나? 게다가 이 딱정벌레도 원래는 그 사내의 아버지 것이었네. 적잖은 재산이 있어 아들의 사업을 돕겠다고 땅과 가축을 모두 담보물로 내주었던 갸륵한 아버지였네. 그 사내도 처음에는 그런 대로 성공했었지. 하지만 지나치다 싶을 정도로 욕심을 부리기 시작하더군. 결국은 충분한 식견과 경험도 없는 상태에서 섣불리 큰 사업을 벌였다가 완전히 파산하고 말았네."

로단이 물었다.

"그럼 젊어서는 사업을 하지 말아야 하나요?"

"젊은 사람들은 너무나 성급하네. 꿈이 너무 커서 그럴까? 어쨌든 젊은 사람들은 하루라도 빨리 부자가 되고 싶은 생각에 지름길을 찾으려 하네. 그 때문에 분별없이 돈을 빌려대지. 게다가 세상물정을 잘 몰라서, 빚이 얼마나 무서운 것인 줄도 모르네. 무모한 빚은 깊은 묘혈과도 같아서 결국 우리를 절망의 나락으로 빠뜨리는 원인이 되지. 나중에는 빚의 수렁에서 벗어나려 발버둥을 치지만 그 수렁을 벗어나기란 결코 쉬운 일이 아닐세. 낮에도 짙은 구름에 가려서 햇빛을 볼 수 없고, 밤에도 끝없는 고뇌로 잠자리를 설쳐야 하는 슬픔과 회한이 바로 빚에서 시작되는 것이네. 그렇다고 젊어서 사업을 해서는 안 된다는 것은 아닐세. 오히려 젊은 사람들에게 돈을 빌려서라도 사업을 시작하라고 권하는 사람이네. 다만 뚜렷한 목표와 신중한 계획이 있어야 한다는 뜻이네. 나도 처음부터 돈을 쌓아두고 시작한 것은 아닐세. 나도 처음에는 돈을 빌려서 시작한 장사꾼에 불과했네."

마톤은 목이 말랐는지 포도주로 목을 축였다.

"아버지 재산을 저당잡혀 사업을 시작한 아들이 완전히 파산했을 때 대금업자는 어떻게 해야겠나? 지금 그 아들은 완전히 절망에 빠져 빈둥대면서 아무 일도 하지 않고 있네.

낙담할 만도 하겠지. 돈을 갚으려는 어떤 노력도 하지 않고 있으니 말일세. 그렇다고 내가 몰인정하게 아버지의 땅과 가축을 처분해야만 할까? 아버지가 무슨 잘못인가? 하지만 돈의 세계란 그런 것이 아닐세."

그때 로단이 불쑥 끼어들었다.

"무척이나 재미있게 들었습니다. 하지만 내 질문에는 아직 대답하지 않으셨습니다. 누이동생 남편에게 돈을 빌려줘야 하나요? 내게는 너무도 중요한 문제입니다."

"자네 누이야 나무랄 데가 없는 훌륭한 여자지. 하지만 그 남편이 내게 와서 돈을 빌려달라고 한다면 먼저 그 돈을 어디에 쓸 것이냐고 묻겠네. 나처럼 보석이나 고급가구를 취급하는 장사꾼이 되겠다고 대답한다면, '보석이나 가구에 대해서 아는 것이 있는가? 어디에서 가장 싼값에 물건을 구입할 수 있는지 아는가? 팔 때는 원가에 얼마나 이익을 붙이는 것이 적정 가격이라 생각하는가?'라고 물을걸세. 만약 이 질문들에 모두 '예!'라고 대답한다면……."

로단이 마톤의 말을 가로막고 나섰다.

"아닙니다. 내 매제는 그런 것에 대해 전혀 모릅니다. 지금까지 내가 창 만드는 것을 가끔 도와주었을 뿐입니다. 기껏해야 창 만드는 재주밖에 없습니다."

"그렇다면, 자네 매제에게는 장사가 어울리지 않겠구먼. 장사꾼들은 무엇보다 장사에 대해 알아야만 하네. 꿈이 아무리 좋더라도 그 꿈을 실현시킬 가망이 보이지 않는 사람에게 내가 왜 돈을 빌려주겠나! 하지만 자네 매제가 '그동안 장사꾼을 도와주며 많은 것을 배웠습니다. 페니키아에 쉽게 가는 방법을 알고 있습니다. 게다가 여인네들이 짠 융단을 싼값에 구입해서 높은 이익을 붙여 바빌론의 부자들에게 파는 방법도 잘 알고 있습니다' 라고 대답한다면, 나는 '충분한 준비를 했구먼. 꿈도 야무지고. 자네가 합당한 담보물을 맡긴다면 돈을 얼마라도 빌려주겠네' 라고 대답할걸세.

그런데 자네 매제가 '맡길 담보물이 없습니다. 하지만 저는 약속을 지키는 사람입니다. 저를 믿고 돈을 빌려주신다면 목숨이라도 걸고 갚겠습니다' 라고 말한다면, 나는 '내 돈은 내게 목숨처럼 소중한 걸세. 자네가 페니키아에 가는 동안, 아니 페니키아에서 융단을 사서 돌아오는 동안 강도라도 만난다면 자네가 무슨 수로 내 돈을 갚을 수 있겠나? 내 돈마저 물거품처럼 사라지는 것이 아니겠나!' 라고 대답해줄걸세."

그리고 마톤은 로단을 뚫어지게 바라보며 덧붙였다.

"로단, 돈은 대금업자가 파는 상품이네. 빌려주기는 쉽네. 하지만 신중하게 빌려주지 않으면 돌려받기가 힘드네. 현명한 대금업자는 결코 기분대로 돈을 빌려주지 않네. 돈을 회수할 수 있다는 확신이 있을 때에만 돈을 빌려주는 법일세.

곤경에 빠진 사람을 도와줘라! 가난한 사람을 도와줘라! 희망찬 미래를 위해 출발하는 사람을 도와줘라! 훌륭한 시민이 되도록 도와줘라! 그래, 모두가 좋은 말이지. 하지만 무작정 도와줘서는 안 되네. 농부의 나귀처럼 다른 사람의 짐까지 대신 짊어지면서 도와줘서는 안 되네. 다른 사람을 도와줄 때에도 지혜로운 선택이 필요하네.

로단, 자네 질문에는 대답치 않고 다시 옆길로 샜군. 하지만 자네 질문에 분명히 대답해주겠네. 자네 돈을 지키게! 자네가 땀흘려 번 것은 자네를 위한 것이네. 물론 자네가 스스로 원한다면 다르겠지만, 누구도 자네에게 그 돈을 나눠 갖자고 요구할 권리가 없네.

자네가 그 돈으로 더 많은 돈을 벌고 싶다면 신중하게 여러 사람에게 나눠서 빌려주게. 돈을 위험한 곳에 투자하는 것도 어리석은 짓이지만, 돈을 묵혀두는 것도 어리석은 짓이란 사실을 명심하게. 그런데 자네는 몇 년 동안이나 창을 만들었나?"

"꼬박 3년입니다."

"왕의 선물을 제외하고 그동안 얼마나 모았나?"

"금화로 따지면 3개입니다."

"매년 금화 1개씩을 저축한 셈이구먼?"

"그렇습니다."

"그렇다면 금화 50개는 자네가 50년을 절약해야 모을 수 있는 돈이겠지?"

"물론입니다. 거의 평생을 절약해야 겨우 모을 수 있는 돈입니다."

"그럼 이렇게 생각해보게. 자네가 50년이나 땀흘려 일해서 모은 돈을 아무에게나 맡길 수 있겠나? 장사에는 아무런 경험도 없는 자네 매제에게 맡길 수 있겠나? 자네 누이가 그렇게 무모한 여자이던가?"

"그렇지는 않습니다. 선생님 말씀을 전한다면 내 누이도 생각을 바꿀 겁니다."

"그렇다면 당장 자네 누이에게 가서 이렇게 말하게. '나는 지난 3년 동안 휴일을 제외하곤 매일 아침부터 밤까지 쉬지 않고 일했다. 먹고 싶은 것도 먹지 않았고, 입고 싶은 옷도 입지 않으면서 절약하며 살았다. 이렇게 땀흘려 일하고 절약해서 살면서도 나는 1년에 기껏해야 금화 하나밖에 모을 수 없었다. 너는 내게 무엇과도 바꿀 수 없는 소중한 동생이다. 따라서 네 남편이 틀림없이 성공할 수 있는 사업을 시작한다면 내가 어찌 도와주지 않겠니? 네 남편이 나와 마톤을 설득할 수 있는 사업 계획을 세운다면, 내가 평생 동안 모은 전재산이라도 빌려주겠다. 네 남편이 성공할 기회를 갖도록 성심껏 도와주겠다.' 라고 말하게.

로단, 자네 매제가 진정으로 성공할 자질을 가진 사람이라면 설사 실패하더라도 언젠가는 자네 돈을 갚으려고 혼신의 노력을 다할걸세."

마톤은 목이 말랐는지 다시 포도주 한 잔을 마시고 말을 이었다.

"내가 다른 사람들에게 돈을 빌려줄 수 있는 이유가 무엇이겠나? 내 가게를 꾸려가는 데 필요한 돈보다 더 많은 돈을 갖고 있기 때문일세. 그 여윳돈을 다른 사람에게 빌려주면서 돈을 벌고 있네. 그런데 내가 그 돈을 어떻게 모았겠나? 나도 열심히 일하고 절약해서 모은 돈으로 시작했네. 그런 돈을 허튼사람들에게 빌려줘서 잃고 싶겠나?

앞으로도 나는 돈을 확실하게 돌려받을 수 없는 사람에게는 절대 빌려주지 않을걸세. 안전하다고 판단되지 않는 사업에는 절대 돈을 투자하지 않을걸세. 이자가 확실히 보장되지 않는 사람에게도 돈을 빌려주지 않을걸세.

로단, 자네에게 내 나무상자에 얽힌 비밀을 말해주었네. 그 비밀스런 이야기에서, 돈을 갚을 확실한 수단도 없으면서 돈부터 빌리려는 인간의 허약함을 깨달았으리라 믿네. 모두가 돈을 벌겠다는 원대한 꿈을 꾸지만, 그 이전에 돈을 버는 방법을 배우고 돈을 관리하는 능력을 키우지 않는다면 그런 꿈은 한낱 백일몽에 불과한 걸세."

이렇게 말한 후 마톤은 잠시 생각에 잠겼다. 그리고 로단을 똑바로 바라보며 다시 말했다.

"로단, 돈으로 돈을 벌게. 자네에게는 그럴 만한 돈이 있네. 자네도 나처럼 될 수 있네. 자네 돈을 안전하게 지킨다면 그 돈이 벌어주는 돈만으로 자네는 평생 동안 풍족하게 살 수 있을걸세. 하지만 자네가 그 돈을 허투로 쓴다면, 자네 기억에서 그 돈이 사라질 때까지 자네는 눈물과 회한 속에서 살아야 할걸세. 자, 이제 어떻게 하려나? 자네 전대 속에 든 금화를 어떻게 하려나?"

"목숨을 걸고 안전하게 지키겠습니다."

마톤은 고개를 끄덕이며 말했다.

"그것 참 잘 생각했네. 첫째도 안전이고 둘째도 안전이네. 그렇다면 자네 매제에게 그 돈을 맡겨도 안전하다고 생각하는가?"

"그렇지 않습니다. 내 매제는 아직도 부족한 면이 너무 많습니다."

"그렇다면 가족이기 때문에 돈을 빌려줘야 한다는 의무감을 씻어버리게. 가족이나 친구를 진정으로 돕고 싶다면 다른 방법을 생각해보게. 자네의 돈을 위험에 빠뜨리면서 도와줄 이유는 없네. 돈을 지키고 관리할 줄 모르는 사람에게 들어간 돈은 허망하게 사라진다는 사실을 명심하게. 그런 사람에게 자네 돈을 맡기느니, 차라리 자네가 흥청망청 써대는 것이 훨씬 나을걸세. 그럼 다시 묻겠네. 안전하게 지킨 보물을 어떻게 해야겠나?"

"그 돈으로 돈을 벌어야 합니다."

"맞았네! 이제야 깨달았군. 돈으로 돈을 벌어야 하네. 돈을 굴려야 하네. 우리가 나이를 먹듯이, 신중하게 투자된 돈은 눈덩이처럼 불어나게 마련이네. 자칫하면 자네가 힘겹게 번 돈이 하루아침에 사라질 수도 있다는 사실을 명심하게. 감언이설에 속지 말게. 일확천금의 유혹을 경계하게.

자네 돈을 순식간에 불리겠다는 환상을 머리에서 깨끗이 씻어내게. 그런 환상은 경제 원리를 모르는 몽상가들이 꾸며낸 사기극에 불과하네. 무엇보다 중요한 것이 안전이네. 자네 돈을 지키고 즐기는 것만으로도 돈을 버는 것이라 생각하게. 상식 이하의 수익을 약속하는 사람의 달콤한 유혹을 경계하게. 그리고 성공한 사람들과 거래를 맺게. 그들의 지혜와 경험이 자네의 돈을 지켜주면서 적절한 수익을 보장해줄 테니까."

로단은 자리에서 일어서며 마톤에게 현명한 조언에 고맙다고 말했다. 그러나 마톤은 그런 인사를 들은 척도 하지 않으면서 당부하듯이 말했다.

"왕의 선물에서 많은 교훈을 얻길 바라네. 그 돈을 지키려면 신중하게 처신해야 할걸세. 많은 유혹이 있을걸세. 그 돈을 어떻게 써야 할 것이라며 조언해주는 사람들도 많을걸세. 큰돈을 벌 기회가 있다는 달콤한 제안도 끊이지 않을걸세. 하지만 내 나무상자에 얽힌 이야기들을 교훈으로 삼게.

자네 전대에서 돈을 꺼낼 때마다 확실히 돌려받을 수 있는지 생각하고 또 생각하게.

내 조언이 필요하다면 언제라도 찾아오게. 자네라면 언제라도 환영이니까. 로단, 돌아가기 전에 내 나무상자 덮개에 새겨진 글을 읽어보겠나? 내 생각에는 돈을 빌리는 사람이나 돈을 빌려주는 사람 모두가 반드시 알아야 할 교훈이라 생각하네."

마톤의 나무상자 덮개에는 이런 글이 새겨져 있었다.

뒤늦게 후회하지 말고 처음부터 신중해라!

바빌론의 성벽

역전의 용사, 반자르는 바빌론의 옛 성벽으로 연결된 길에서 경비를 서고 있었다. 그 길 위로는 수비군이 성벽을 지키기 위해 용맹하게 싸우고 있었다. 그 성벽에 수십 만의 시민이 살고 있는 바빌론의 미래가 달려 있었다.

성벽 너머에서 침략군의 함성과 말발굽소리가 들려왔다. 성문을 때리는 거대한 쇠메소리가 귀를 멍멍하게 만들었다. 성문 뒤로는 창기병들이 일렬로 도열해 있었다. 성문이 무너진다면 그들이 침략군의 공격을 막아야 했지만 그들은 정식 군인들이 아니었다.

바빌론의 정규군은 왕과 함께 멀리 동쪽에 있는 엘람 땅을 정벌하고 있었다. 왕이 바빌론을 비운 사이에 침략군의 공격이 있으리라고는 전혀 예측하지 못했었다. 뜻밖에도 북쪽에서 아시리아가 바빌론을 정복하기 위해 침략해온 것이다. 성벽을 어렵사리 방어하고는 있지만 바빌론의 운명은 풍전등화와도 같았다.

반자르 옆에는 수많은 시민들이 몰려나와 있었다. 모두가 겁에 질려 창백한 얼굴이었다. 전쟁 상황을 조금이라도 알고 싶어 안절부절 못하고 있었다. 부상당한 사람과 죽은 사람이 그 길을 통해서 끝없이 옮겨지는 것을 지켜보면서 그들은 깊은 한숨을 내쉬었다.

마침내 최후의 결전이 시작되었다. 바빌론을 포위한 지 사흘째 되는 날, 아시리아군은 온병력을 결집시켜 반자르가 서 있는 성벽 쪽을 집중적으로 공격했다. 성벽 위의 수비군도 혼신의 힘을 다해 저항했다. 사다리를 타고 성벽을 기어오르는 침략군들에게 끓는 기름을 부어대고 화살을 쏘아댔으며, 성벽까지 기어오른 침략군에게는 창으로 대항했다. 침략군의 궁수들도 바빌론의 수비군에게 엄청난 화살을 퍼부어댔다.

반자르는 전쟁 상황을 한눈에 파악할 수 있는 곳에 있었다. 치열한 전투가 코앞에서 벌어지고 있었기 때문에 광포한 침략군의 동태를 즉시 알아볼 수 있었다.

초로의 한 상인이 반자르에게 다가와 두 손을 부들부들 떨면서 소리쳤다.

"말 좀 해주구려. 말 좀 해줘! 무슨 수를 써서라도 저놈들을 막아야 해. 내 아들들은 왕을 따라 멀리 떠났고, 내 마누라를 지켜줄 사람이 하나도 없단 말이오. 저놈들이 들어오면 내 물건도 모두 훔쳐갈 거야. 내가 먹을 것도 남겨두지 않고 몽땅 약탈해갈 거라구! 우린 늙었소. 우리 몸조차 지킬 수 없단 말이오. 우린 굶어죽을 거요. 모두가 죽고 말거요. 대답 좀 해주구려. 우리가 저놈들을 막을 수 있겠지?"

반자르가 대답했다.

"걱정 마십시오. 바빌론 성벽은 절대 무너지지 않을 겁니다. 집으로 돌아가세요. 할머니에게 성벽은 절대 안전할 테니 걱정 말라고 말씀드리세요. 우리가 왕의 보물처럼 할아버지의 재산도 지켜줄 거라고 안심시켜주세요. 성벽에 바짝 붙어 돌아가세요. 자칫하면 적군의 화살에 맞을지도 모릅니다."

노인이 물러나자 이번에는 아기를 품에 안은 여인이 다가와 물었다.

"성벽 위에서는 아무런 소식도 없나요? 내 불쌍한 남편을 위해서라도 사실대로 말씀해주세요. 남편은 치명적인 부상을 입고 사경을 헤매고 있으면서도 바빌론을 지키겠다고 내게 창과 갑옷을 달라고 졸라댑니다."

"남편에게 걱정 말고 부상을 치료하라고 전해주십시오. 바빌론의 성벽이 당신과 당신 아기를 지켜줄 것이라고 전해주십시오. 바빌론의 성벽은 높고 튼튼합니다. 우리 용맹한 수비군의 함성이 들리지 않습니까? 그들이 침략군의 공격을 이겨내고 바빌론을 지켜줄 겁니다."

"예, 들립니다. 우리 병사들의 함성이 들립니다. 하지만 성벽을 때려대는 쇠메소리에 걱정을 떨칠 수가 없습니다."

"남편에게 돌아가십시오. 남편에게 성문은 절대 무너지지 않을 것이라고 전해주십시오. 설사 적군이 성벽을 기어오르더라도 창기병이 그들을 무찔러줄 것이라고 전해주십시오. 조심해서 돌아가십시오. 성벽에 바짝 붙어 걸으십시오."

그때 중무장한 병사들이 그 길로 들어섰다. 반자르는 재빨리 사람들을 밀쳐내고 병사들이 지나갈 길을 터주었다. 방패와 갑옷이 요란하게 철렁대는 소리를 내면서 병사들이 지나가자 한 어린 소녀가 반자르의 허리띠를 붙잡고 늘어지며 물었다.

"아저씨, 괜찮을까요? 정말 안심해도 될까요? 저 성벽 위에서 들려오는 소리가 무서워 죽겠어요. 사람들이 피를 흘리는 것도 보았어요. 무서워 죽겠어요. 우리 가족은 어떻게 될까요? 어머니와 어린 동생에게 나쁜 일이 닥치는 것은 아니겠죠?"

역전의 용사, 반자르는 어린 소녀를 바라보며 차분한 목소리로 말했다.

"걱정 말거라. 바빌론의 성벽이 너와 네 어머니와 네 어린 동생을 지켜줄게다. 이 성벽은 세미라미스 여왕께서 100년 전에 너와 같은 아이들을 지켜주려고 세우셨던 것이다. 그 이후 어떤 적도 이 성벽을 넘지 못했다. 집에 돌아가거라. 네 어머니와 어린 동생에게 바빌론의 성벽이 너희를 지켜줄 거라고 말하거라. 두려워할 필요가 없다고 말해주어라."

그후로도 반자르는 매일 그 자리를 지켰다. 지원병들이 그 길을 지나갔고, 부상당한 사람과 죽은 사람이 그 길을 지나갔다. 성벽이 안전한지 확인하려 달려오는 사람들의 발길도 끊이지 않았다. 그들이 성벽의 안전을 물을 때마다 반자르는 역전의 용사답게 차분한 목소리로 "바빌론의 성벽이 당신을 안전하게 지켜줄 겁니다"라고 대답해주었다.

아시리아군의 공격은 3주 닷새 동안 계속되었다. 그들은 잠시도 공격의 고삐를 늦추지 않았다. 반자르의 얼굴도 점점 굳어갔다. 성벽 뒷길은 부상당한 사람들이 흘린 피로 물들었고, 성벽의 안전을 걱정하며 끊임없이 찾아오는 시민들의 발길에 피와 흙이 뒤범벅되었다. 성벽 밖에도 침략군들의 시체가 산더미처럼 쌓여갔다.

마침내 3주 닷새가 지난 날 밤, 침략군의 함성이 줄어들었다. 그리고 다음 날 아침 햇살이 비치면서 들판을 밝히기 시작했을 때 침략군은 커다란 먼지 구름을 일으키면서 퇴각하기 시작했다. 바빌론의 성벽을 지키던 수비군은 승리의 함성을 목청껏 내질렀다.

그 함성의 뜻을 모를 사람이 어디 있었겠는가? 성벽 뒤에서 기다리던 대기병들도 감격 어린 함성을 높이 외쳤다. 모든 시민이 길로 뛰쳐나와 승리의 기쁨을 나누었다. 바빌론을 압박하던 검은 그림자가 완전히 씻겨나간 때문이었다.

바빌론의 시민들은 모두가 한마음이 되었다. 길거리는 승리의 감격을 나누는 사람들로 발디딜 틈이 없었다. 지난 4주 동안 그들을 짓누르던 압박감에서 벗어나 승리의 기쁨을 마음껏 발산시켰다. 아름다운 벨 타워에서도 승리의 불꽃이 활활 타올랐다. 푸른 연기 기둥이 하늘을 향해 치솟아 오르며 바빌론의 승리를 만방에 알렸다.

바빌론의 성벽이 바빌론의 풍요를 약탈하고 그 시민들을 노예로 삼으려던 사악한 적의 공격을 격퇴시킨 것이다.

바빌론은 완벽한 보호장치를 갖추고 있었기에 수세기 동안 풍요를 누리며 건재할 수 있었다. 만일 바빌론의 성벽이 약했더라면 그처럼 오랜 기간의 풍요가 가능할 수 있었을까?

바빌론의 성벽은 어딘가에 보호받고 싶은 인간의 욕망을 상징적으로 보여주는 좋은 예이다. 보호받고 싶은 욕망은 인간의 본능이기도 하다. 세상은 점점 강퍅하게 변해가고 있다. 그리고 지금은 그 어느 때보다 우리를 지켜줄 제도적 장치가 필요한 때이다.

다행히 우리는 그런 목적에 합당한 제도적 장치를 계속해서 발전시켜왔다. 그것이 무엇일까? 바빌론의 성벽처럼 우리를 안전하게 지켜줄 제도적 장치가 무엇일까?

정답은 보험이다. 또 당신 이름으로 준비된 저금통장이다. 그리고 안전한 투자이다. 이 셋을 철저하게 준비한다면 비극이 갑자기 문을 열고 들어와 당신을 지옥불에 내던지더라도 당신은 안전할 수 있을 것이다.

바빌론의 성벽처럼 우리를 안전하게 지켜줄
제도적 장치를 마련하라.

바빌론의 낙타상인

'**굶주림이** 깊어질수록 정신은 맑아진다!'

'굶주림이 깊어질수록 음식냄새에 민감해진다!'

아주레의 아들, 타르카드는 이렇게 생각했다.

타르카드는 꼬박 이틀을 굶어야 했다. 어떤 집 정원 너머에서 몰래 딴 조그만 무화과 열매 2개가 이틀 동안 먹은 전부였다. 그러나 세 개째를 따려는 순간, 얼굴에 핏발을 잔뜩 세운 여자가 뛰쳐나오는 바람에 죽도록 뛰어서 도망쳐야 했다.

타르카드는 내친김에 시장까지 달렸지만 그 여자의 새된 목소리가 여전히 귓가에서 맴돌며 사라지지 않았다. 덕분에 시장 좌판에 널린 탐스런 과일을 몰래 낚아채고 싶은 유혹에서 간신히 벗어날 수 있었다.

바빌론의 시장에 그처럼 먹을 것이 많을 줄이야. 하찮게 보이는 것들조차 그렇게 향기가 짙을 줄이야. 타르카드는 새삼스레 깨달았다. 아쉬운 마음을 달래며 시장을 나섰다. 여인숙으로 돌아가던 길에 하필이면 식당 앞을 지나게 되었다. 혹시 아는 사람이라도 있을까? 타르카드는 실낱같은 희망을 갖고 식당 안을 훔쳐보았다. 혹시 동전 한 닢이라도 빌려줄 사람이라도 있을까? 동전 한 닢이라도 있다면, 고약한 여인숙 주인도 내게 어색한 미소를 지어줄 텐데…….

이렇게 넋을 잃고 식당 안을 훔쳐보는 동안 타르카드는 가장 만나고 싶지 않은 얼굴과 정면으로 마주치고 말았다. 바로 낙타상인인 다바시르였다. 그가 돈을 빌린 많은 사람들 중에서 다바시르는 이상하게도 그에게 부담스럽게 느껴졌다. 물론 그의 잘못이었다. 돈을 갚겠다고 몇 번이고 약속했지만 한 번도 그 약속을 지킨 적이 없었기 때문이다.

다바시르는 그를 보는 순간 얼굴이 환히 밝아지며 소리쳤다.

"타르카드구먼. 잘 만났네. 내가 자네를 얼마나 찾아다녔는 줄 모를 거야. 한 달 전에 빌려준 동전 두 닢을 언제 갚을 건가? 또 그 전에 빌려준 은화 한 닢은 언제 갚을 건가? 자네를 이렇게 만나게 해주다니 하늘이 도왔구먼. 지금 당장 돈을 갚게. 나도 그 돈을 쓸 데가 있으니까!"

타르카드는 얼굴이 벌겋게 달아오르며 말을 더듬거렸다. 제대로 대답할 수가 없었다. 이틀을 굶은 까닭에 다바시르와 말다툼할 기력조차 없었다. 그는 죽어가는 목소리로 대답했다.

"죄송합니다. 오늘은 한푼도 없습니다. 죄송하지만 아저씨께 갚을 돈이 없습니다."

다바시르는 여전히 타르카드를 윽박질렀다.

"그래? 옛 친구의 아들이란 정분 때문에 네가 곤경에 빠졌을 때 도와주었는데 이제와서 갚을 돈이 없다고?"

"죄송합니다. 운이 없었습니다. 하는 일마다 제대로 되는 것이 없었습니다."

"운이 없었다고? 자네 잘못을 신의 탓으로 돌리는 건가? 자네처럼 갚을 생각은 않고 빌릴 생각만 하는 사람은 언제나 운을 탓하지. 나를 따라오게. 나도 배가 고프니 먼저 먹어야겠네. 밥을 먹는 동안 자네에게 해줄 이야기가 있네."

타르카드는 다바시르의 노골적인 힐난에 움찔하지 않을 수 없었다. 하지만 식당까지 따라들어오라는 것은 결국 밥을 사주겠다는 뜻이 아닌가? 타르카드는 체면을 불구하고 다바시르의 뒤를 따라 식당으로 들어갔다.

다바시르는 타르카드를 식당 구석으로 데려갔다. 그들이 자리에 앉자 식당주인인 카우스코르가 만면에 미소를 지으며 다가왔다. 다바시르는 단골손님인 듯 카우스코르에게 허물없이 말했다.

"디저트로는 두툼한 도마뱀 다리를 준비해주고, 식사로는 염소 종아리살을 주게. 빵과 야채도 준비해주고. 배가 고프니 잔뜩 먹어야겠어. 아참, 이 친구는 물 한 컵이면 충분할걸세. 날이 더우니 찬물로 갖다주게."

순간, 타르카드는 심장이 멎는 기분이었다. 다바시르가 진수성찬을 먹는 동안 찬물이나 마시고 있어야 한단 말인가? 하지만 그는 불평할 입장이 아니었다. 아무런 생각도 떠오르지 않았다.

그러나 다바시르는 타르카드의 심정을 조금도 헤아려주지 않았다. 다른 손님들에게 다정하게 손을 흔들어주면서도 타르카드에게는 눈길조차 주지 않았다. 마침내 다바시르가 타르카드를 차가운 눈빛으로 바라보며 말했다.

"며칠 전 우르파에서 온 여행자에게, 돌을 양피지처럼 아주 얇게 잘라서 창틀에 끼워 비가 들이치는 것을 막는다는 부자에 대한 이야기를 들었네. 얼마나 얇게 잘랐는지 그 돌판을 통해서 바깥 세상을 볼 수 있다고 하더구먼. 돌판은 노란색이었다네. 그 여행자도 그 돌판을 통해서 바깥 세상을 볼 기회가 있었는데 세상이 원래 모습대로 보이지 않고 이상하게 보였다네. 타르카드, 자네 생각은 어떤가? 경우에 따라서 세상이 다른 색으로도 보일 수 있다고 생각하나?"

타르카드는 다바시르 앞에 놓인 염소 종아리살에서 눈을

떼지 못한 채 대답했다.

"그럴 리가 있겠습니까?"

"아닐세. 나도 한때는 세상을 원래의 색과 전혀 다른 색으로 본 적이 있었네. 내 경험을 자네에게 얘기해주려 하네. 내가 어떻게 세상을 다시 원래의 색으로 보게 되었는지 말일세."

그때 옆자리에 앉아 있던 손님이 옆친구에게 "다바시르가 재밌는 이야기를 할 모양이야"라고 말하면서 방석을 다바시르 가까이로 끌어와 앉았다. 다른 손님들도 그들에게 다가와 반원형으로 둥그렇게 둘러앉았다.

타르카드의 귀에는 그들이 고기를 씹어대는 소리가 유난히 크게 들렸다. 그의 앞에만 음식이 없었다. 매정하게도 다바시르는 그에게 빵 한 조각도 권하지 않았다. 그러나 타르카드는 이를 악물고 배고픔을 참아야만 했다.

마침내 다바시르가 염소 종아리에서 떼어낸 살덩이를 꿀꺽 삼키면서 이야기를 시작했다.

"이제부터 내 젊은 시절을 이야기해주겠네. 내가 어떻게 낙타상인이 되었는지 말해주겠네. 내가 옛날에 시리아에서 노예 생활을 했다면 믿을 수 있겠나?"

모두가 놀라는 얼굴이었다. 그러나 다바시르는 염소 종아리에서 다시 살덩이를 찢어내며 그 시절을 찬찬히 이야기하기 시작했다.

나는 안장을 만들어 팔던 아버지에게 어렸을 때부터 장사하는 방법을 배웠다. 아버지 가게에서 일하면서 아름다운 아내까지 맞아들였다. 별다른 기술이 없었던 까닭에 돈벌이가 시원찮았지만 아내와 절약하면서 그런 대로 살아갈 수 있었다. 하지만 내게는 커다란 꿈이 있었다. 그동안 주변사람들에게 신용을 쌓았기 때문에 내가 원하면 쉽게 돈을 빌릴 수 있다는 것을 알게 되었다. 그때부터 내 생활도 달라지게 시작했다. 내가 제때 돈을 갚지 못해도 주변 사람들은 내가 언젠가는 갚을 것이라 생각하며 주저없이 빌려주었다.

그러나 나는 젊고 경험이 없었기 때문에, 버는 것보다 더 쓰는 어리석은 짓은 몇 갑절의 벌로 되돌아온다는 평범한 진리를 전혀 모르고 있었다. 나는 화려한 옷을 찾았고 아내에게도 많은 장신구를 사주었다. 내 수입을 훨씬 넘어서는 돈을 펑펑 쓰고 다녔다. 그것이 모두 빚으로 돌아왔다.

처음에는 그런 대로 빚을 갚을 수 있었다. 그때는 아무런 문제도 없었다. 내 수입이 그처럼 호사스럽게 먹고 살면서 빚을 갚기에는 턱없이 부족하다는 사실을 깨달았을 때, 빚쟁이들이 나를 쫓아다니면서 괴롭히기 시작했다. 당연히 내 가족은 파탄지경에 이르렀다. 친구들에게 손을 벌렸지만 친구들까지도 나를 외면했다. 그들에게도 돈을 제대로 갚지 못했기 때문이다.

내 삶은 점점 황폐해져갔다. 아내마저 나를 버리고 친정으로 돌아가버렸다. 결국 나는 바빌론을 떠나기로 결심했다. 다른 도시에서 새로운 삶을 찾기로 결심했다.

그로부터 2년 동안 나는 대상들을 따라다니며 등이 휘도록 일했지만 별다른 성과를 거두지 못했다. 나는 좌절감을 이겨낼 수 없었다. 마침내 사막을 휩쓸고 다니면서 힘없는 대상을 습격해서 돈을 빼앗는 강도단의 유혹에 빠지고 말았다. 결코 사람답지 못한 짓이었지만, 나는 세상을 엉뚱한 눈으로 바라보고 있었던 것이다. 나는 내가 어디까지 타락했는지조차 깨닫지 못하고 있었다.

우리는 처음에 대단한 성공을 거두었다. 상당한 황금과 비단을 약탈할 수 있었다. 그래서 우리는 기니르로 그것들을 가져가 흥청망청 써버렸다.

그러나 신이 우리편일 수는 없었다. 두 번째 습격에서 우리는 그다지 운이 좋지 않았다. 대상을 습격해서 물건을 빼앗기는 했지만, 그 대상이 호위를 요청한 원주민들과 한바탕 싸움을 벌어야 했다. 결국 우두머리격이던 두 사람이 죽었고 우리는 포로가 되어 다마스커스로 끌려갔다. 그곳에서 우리는 벌거벗겨진 채 노예로 팔리는 신세가 되었다.

시리아의 한 족장이 나를 은화 2개에 사들였다. 나도 다른 노예들처럼 머리가 깎이고 국부만을 겨우 가린 옷을 입고 지내야 했다. 무모한 젊은 혈기로 세상을 제멋대로 살았던 대가였다. 나는 족장의 부인들을 시중드는 노예가 되었다. 족장의 네 부인은 나를 마치 거세된 남자처럼 다루었다. 그런 상황에서 내가 무슨 희망을 품을 수 있었겠는가? 시리아 사막의 사내들은 한결같이 사납고 호전적이었다. 내게는 그들에게 저항할 수단도, 그렇다고 도망칠 방도도 없었기 때문에 그들의 뜻에 순종하는 수밖에 없었다.

족장의 네 부인이 내게 눈길을 던질 때마다 나는 수치심을 견딜 수 없었다. 그래도 그녀들에게 동정심을 얻을 수 있으리라는 한가닥 희망을 품어보았다. 첫째 부인, 시라는 가장 나이가 많았다. 그녀는 언제나 나를 무표정한 얼굴로 지켜보았기 때문에 그녀에게 커다란 위안을 얻지는 못했다. 둘째 부인은 눈부시게 아름다운 여인이었지만, 내가 지렁이라도 되는 듯 역겨운 눈초리로 나를 바라보았다. 나머지 두 부인도 마찬가지였다. 나를 볼 때마다 킥킥대고 웃으면서 내게 모멸감을 안겨주었다.

나는 사형선고를 받고 형집행을 기다리는 죄수와도 같은 심정이었다. 네 부인은 서로 미루면서 내게 어떤 일도 선뜻 맡기려 하지 않았다. 어느 날 시라가 족장에게 말했다.

"이 땅에는 노예가 넘쳐나지만 낙타를 제대로 다루는 노예는 거의 없습니다. 그래서 제 어머니가 열병으로 쓰러지셨는데도 오늘까지 찾아뵙지 못하고 있습니다. 제 낙타를 믿고 맡길 만한 노예가 없기 때문입니다. 저 노예에게 낙타를 끌 수 있는지 물어보아 주세요."

시라의 부탁에 족장이 내게 물었다.

"낙타에 대해 아는 것이 있느냐?"

나는 내심 무척 기뻤다. 그러나 속내를 애써 감추면서 대답했다.

"저는 낙타를 무릎꿇게 할 수 있습니다. 낙타를 달래가며 오랫동안 여행할 수도 있습니다. 마구까지도 고칠 수 있습니다."

"똑똑한 노예로구먼. 시라, 당신만 괜찮다면 저놈에게 당신 낙타를 맡기구려."

그래서 나는 시라의 낙타를 돌보는 노예가 되었고, 바로 그날 그녀를 낙타에 태우고 그녀의 친정까지 먼 여행길에 나섰다. 여행하는 중에 나는 그녀와 많은 이야기를 나누었다. 그래서 나는 태어날 때부터 노예가 아니라, 바빌론에서 안장을 만드는 떳떳한 자유 시민의 아들이었다고 말했다. 하지만 그녀가 차갑게 쏘아붙인 말에 나는 당황하지 않을 수 없었다. 그리고 내 자신을 냉성하게 되돌아볼 기회가 되었다.

"그렇게 의지가 약해서 노예가 된 주제에 어떻게 자유인이었다고 뻔뻔스레 말할 수 있느냐? 물이 항상 수평을 이루는 이유가 무엇이겠느냐? 너에게 애초부터 노예 근성이 없었다면 어떻게 노예가 되었겠느냐? 혀를 깨물고서라도 죽었어야지! 네가 진정으로 자유인의 영혼을 지닌 사람이라면, 어떤 고난 앞에서도 자유인다운 명예를 지키면서 살았을게다."

나는 거의 1년 동안 노예로 살았다. 다른 노예들과 뒹굴면서 살았지만 내 영혼마저 노예가 될 수는 없었다. 어느 날 시라가 내게 물었다.

"다른 노예들은 서로 사귀면서 재미있게 지내는데 너는 외톨이처럼 혼자 지내는 이유가 무엇이냐?"

"지난번 부인께서 저에게 말씀하신 것을 생각해보았습니다. 그리고 영혼마저 노예가 되어서는 안 되겠다고 결심했습니다. 그래서 저들과 어울릴 수 없는 것입니다. 그래서 항상 혼자입니다."

그러자 시라가 긴 한숨을 내쉬며 말했다.

"나와 똑같은 신세로구나. 나는 결혼하면서 상당한 지참금을 갖고 왔단다. 족장도 그 지참금이 탐나서 나와 결혼했지. 하지만 족장은 나를 사랑하지 않는다. 모든 여자가 바라는 것이 무엇이겠느냐? 남편의 사랑이 아니겠느냐? 하지만 족장은 나를 원하지 않는다. 게다가 내가 아기를 낳을 수 없기 때문에, 내게는 아들도 없고 딸도 없기 때문에 이처럼 외롭게 살아가야 한단다. 내가 남자라면 노예가 되느니 차라리 죽음을 택할 것이다."

그때 나는 시라에게 물었다.

"저를 어떻게 생각하십니까? 여전히 영혼까지 노예인 사람이라 생각하십니까? 아니면 자유인의 영혼을 지닌 사람이라 생각하십니까?"

그러자 그녀는 대답을 피하며 엉뚱한 것을 물었다.

"그래, 네가 바빌론에서 진 빚을 갚을 생각이 있느냐?"

"물론입니다. 하지만 방법이 없습니다."

"네가 세월을 그냥 흘려보내면서 빚을 갚으려는 아무런 노력도 하지 않는다면, 그것도 노예의 영혼에서 벗어나지 못한 증거다. 자존심도 없는 비열한 인간일 뿐이다. 정당하게 진 빚도 갚지 못하는 사람을 누가 존중해줄 수 있겠느냐?"

"시리아에서 노예로 살고 있는 제가 무엇을 할 수 있겠습니까?"

"멍청한 놈! 평생 동안 시리아에서 노예로 살려 하느냐?"

"저는 멍청하지 않습니다!"

"그럼 증명해보아라."

"어떻게 말입니까?"

"바빌론의 왕을 보거라. 적을 맞아서 온갖 방법을 동원해서 전력을 다해 싸우고 있지 않느냐? 네 적이 무엇이겠느냐? 네 빚이 바로 네 적이다. 그 빚 때문에 바빌론에서 쫓겨나온 것이 아니냐. 빚을 갚지 않는다면 빚은 눈덩이처럼 불어나게 마련이다. 적을 그대로 내버려두면 그 적이 점점 강해지는 것이나 마찬가지이다. 남자답게 적과 맞서 싸우거라. 적과 맞서 싸워 이길 수 있다는 자신감을 가져라. 언제나 존경받는 시민이 되겠다고 다짐해라. 하지만 네게는 그런 적과 맞서 싸울 용기가 없었다. 네 자존심을 내팽개친 대가가 무엇이냐? 결국 이곳 시리아의 노예로 잡혀오지 않았느냐?"

시라의 신랄한 지적에 내 자신을 돌이켜보지 않을 수 없었다. 물론 가슴까지 노예가 된 것은 아니라고 변명도 해보았지만 그것을 증명해보일 방법이 없었다.

그러나 사흘 후, 나는 다시 시라 앞에 불려갔다.

"내 어머니께서 다시 편찮으시다는 소식을 들었다. 가장 좋은 낙타로 둘을 준비하도록 하거라. 긴 여행을 해야 하니까 물도 충분히 준비해야 할 게다. 먹을 것은 하녀가 따로 준비해줄 게다."

나는 낙타에 안장을 얹었고 하녀가 마련해준 먹을 것도 완벽하게 챙겼다. 하루를 꼬박 가야 할 먼 거리였기 때문이다. 나는 시라가 탄 낙타를 몰았고 하녀는 먹을 것과 마실 것을 실은 낙타를 타고 뒤따라왔다. 밤이 어둑해서야 우리는 시라의 친정에 도착할 수 있었다. 그날 밤 시라는 하녀가 없는 틈을 타 내게 물었다.

"다바시르, 네 영혼은 자유인이냐 노예냐?"

"물론 자유인입니다."

그러자 시라는 심각한 얼굴로 말했다.

"그렇다면 지금이 그것을 증명해볼 기회다. 지금쯤 족장도 술에 취해 있을 것이고 그 병사들도 인사불성일 것이다. 이 낙타를 데리고 당장 떠나거라. 도망치거라. 이 가방을 받거라. 이 가방에는 족장의 옷이 들어 있다. 이 옷을 입고 변장한다면 어렵지않게 이 땅을 벗어날 수 있을 게다. 내 걱정은 말거라. 내가 병든 어머니를 돌보는 틈에 네가 낙타를 훔쳐 달아났다고 말하면 될 테니까."

"부인께서는 정말 족장의 부인다우십니다. 감사합니다. 부인의 행복을 마음속으로라도 빌어드리겠습니다."

그러나 시라는 씁쓰레한 미소를 지으며 대답했다.

"행복? 행복이 내게도 찾아오겠느냐? 이 먼 땅에서 행복을 찾는 사람에게도 행복이 찾아오겠느냐? 어서 떠나거라. 물도 부족할 텐데 앞으로 먼 길을 걸어야 할 게다. 너를 지켜달라고 사막의 신께 기도해주마."

나는 더 이상 망설일 이유가 없었다. 그녀의 따뜻한 마음에 감사를 표한 후 어둠을 타고 탈출을 시도했다. 사막에 대해서 아는 것이 별로 없었지만 바빌론의 방향을 어렴풋이 짐작할 수는 있었다. 계속해서 언덕을 넘고 사막을 건너야 했다. 그때 나는 두 마리의 낙타를 끌고 탈출했다. 나는 밤새 낙타를 끌고 걸었다. 낙타까지 훔쳐서 달아난 노예에게 가해질 형벌이 어떤 것인지 알고 있었기 때문에 나는 죽을 힘을 다해서 걸었다.

다음 날 오후 늦게 나는 폐허처럼 변해버린 마을에 도착했다. 사막처럼 사람이 살 수 없는 땅으로 변해버린 버려진 마을이었다. 울퉁불퉁한 돌조각들과 밤새 싸웠던 까닭에 충성스런 낙타들의 발바닥은 피범벅이었다. 그러나 낙타는 그런 고통을 참아내면서 끈덕지게 걸었다. 며칠 동안 나는 사람을 만나지 못했다. 심지어 동물조차 구경할 수 없었다. 하기사 그처럼 황폐한 땅에 어떤 생명체가 살 수 있었겠는가!

꿈에서도 생각하고 싶지 않은 혹독한 여행이었다. 우리는 물을 먹은 솜처럼 무거워진 발을 힘겹게 떼면서 한 걸음씩 나아갔다. 그렇게 며칠을 걸었다. 먹을 것도 마실 것도 없었다. 뜨거운 태양열을 그처럼 증오한 때가 없었다.

아흐레째 되던 날 밤, 나는 작은 산기슭에 도착했다. 도저히 산을 올라갈 수 없을 것만 같았다. 그 자리에 주저앉고 싶었다. 그 황폐한 땅에서 죽을 것만 같았다.

결국 나는 그 자리에 드러누워버렸다. 그리고 깊은 잠에 빠졌다. 아침 햇살이 따갑게 내려쬘 때에야 겨우 눈을 뜰 수 있었다. 나는 힘겹게 몸을 일으키고 주변을 둘러보았다. 시원한 아침 공기가 정신을 맑게 해주었다. 그러나 낙타들은 여전히 기운을 차리지 못한 모습이었다. 게다가 그곳은 바위와 모래와 가시덤불로 뒤덮인 버려진 땅이었다. 그런 곳에서 마실 물과 먹을 것을 어찌 바랄 수 있었겠는가.

죽음처럼 적막감만 흐르는 땅에서 마침내 삶에 종지부를 찍어야만 한단 말인가? 그럴 수는 없었다. 이렇게 결심하자 내 정신은 더욱 맑아졌다. 피곤에 지친 육체는 중요한 것이 아니었다. 입술이 갈라지고 피까지 흘렀지만 그런 것은 중요하지 않았다. 혀가 바싹 마르다 못해 퉁퉁 부어올랐지만 그런 것은 중요하지 않았다. 지독한 굶주림도 참기 힘들었지만 노예로 지낸 시간을 생각한다면 얼마든지 견딜 수 있었다.

나는 저 멀리 지평선을 바라보면서 내 자신을 냉철하게 돌이켜보았다.

'내가 영혼까지 진정 자유인이라 할 수 있을까? 노예적 근성을 완전히 씻어내지 못한 것은 아닐까?'

그때 나는 분명히 깨달을 수 있었다. 내게 노예적 근성이 눈곱만큼이라도 있다면 모든 것을 포기하고 그 자리에서 죽음을 택하는 것이 나았다. 도망친 노예의 종말로는 어울리는 죽음이었다. 하지만 내가 영혼까지 자유인이라 자부한다면 어떻게 해야 할까? 그랬다, 어떤 수를 써서라도 바빌론으로 돌아가 나를 믿었던 사람들에게 돈을 갚아야 했다. 나를 사랑했던 아내에게 행복을 되돌려주고 내 부모에게도 달라진 아들의 모습을 보여주어야 했다.

"네가 바빌론을 떠난 이유가 무엇이냐? 빚 때문이 아니냐? 결국 네가 이겨내야 할 적은 빚이다!"

시라는 나를 이렇게 꾸짖었다. 사실이었다. 그런데 왜 나는 사람다운 삶을 포기했던 것일까? 친정으로 돌아가려는 아내를 왜 붙잡지 않았을까?

그때 이상한 일이 일어났다. 그때까지 내 눈을 가렸던 색유리가 사라진 듯 온세상이 다른 색으로 보이기 시작했다. 마침내 나는 삶에서 진정한 의미를 깨달았던 것이다.

사막에서 죽는다고? 나는 아니야! 내가 이 사막에서 헛되이 죽을 수는 없어! 나는 새롭게 시작하고 싶은 의욕에 불탔다. 반드시 해낼 수 있을 것이라는 자신감에 불탔다. 먼저 바빌론으로 돌아가서 내게 돈을 빌려준 사람들을 만나야 했다. 내가 겪은 불행과 좌절의 세월을 그들에게 솔직하게 털어놓고 뼈가 부서지도록 일을 해서라도 돈을 갚겠다고 말하고 싶었다. 그런 다음 아내를 찾아 용서를 빌고 내 부모에게 부끄럽지 않은 아들이 되어야 했다.

내 빚이 내 적이었다. 하지만 내게 돈을 빌려준 사람들은 나를 믿었던 친구들이었다. 내 잘못 때문에 그런 친구들을 적으로 만들었던 것이다.

나는 비틀거리며 일어섰다. 굶주림? 그것은 대수로운 문제가 아니었다. 목줄기를 태우는 갈증? 그것도 대수로운 문제가 아니었다. 내 목표는 바빌론이었다. 내가 적으로 만든 친구들에게 진정한 자유인으로 거듭 태어난 내 모습을 보여주고 싶었다. 이런 생각에 짜릿한 전율감이 온몸에서 느껴졌다.

낙타들의 충혈된 눈동자도 내 결의에 찬 목소리에 한결

밝아지는 듯했다. 그들은 몇 번이고 쓰러지면서도 안간힘을 다해서 일어섰다. 그들은 불굴의 의지력을 보여주며 북쪽으로 한 걸음씩 내딛었다.

그리고 마침내 우리는 물을 찾아낼 수 있었다. 새파란 풀과 열매가 있는 땅을 지나가게 되었던 것이다. 그리고 자유인의 영혼이 우리를 인도하듯이 바빌론까지 이어지는 길을 찾아낼 수 있었다.

결국 마음가짐이 문제였다. 내가 노예적 근성에서 벗어나지 못했더라면 "노예에 불과한 내가 무엇을 할 수 있겠어?"라는 체념에서 어떤 결실을 얻을 수 있었겠는가!

다바시르는 타르카드에게 눈길을 주며 물었다.

"타르카드, 자네는 어떤 사람인가? 자네의 굶주린 배 때문에 세상이 원망스럽기만 한가? 오히려 정신이 맑아지지는 않는가? 잃어버린 자존심을 되찾고 싶은 마음이 없는가? 세상을 원래의 색대로 볼 수 있겠는가? 엄청난 빚이겠지만 그 빚을 모두 갚고 바빌론의 올바른 시민으로 다시 태어나고 싶지 않은가?"

타르카드의 눈가에 눈물이 맺혔다. 그는 다바시르 앞에 무릎을 꿇고 앉아 비장한 목소리로 말했다.

"아저씨, 고맙습니다. 제게 새로운 눈을 뜨게 해주셨습니다. 이제야 깨달았습니다. 저도 진정한 자유인이 되겠습니다."

그들을 지켜보고 있던 한 사람이 다바시르에게 물었다.

"다바시르, 하지만 바빌론에 돌아와서 그 많은 빚을 어떻게 갚았나?"

다바시르가 대답했다.

"뜻이 있는 곳에 길이 있는 법일세! 진정한 자유인이 되겠다고 결심하자 길이 보였네. 바빌론에 돌아온 즉시 내게 돈을 빌려주었던 사람들을 하나씩 찾아다니면서 용서를 구했네. 반드시 갚을 테니 지켜보아 달라고. 대부분이 흔쾌히 내 청을 들어주었네. 물론 내게 욕을 해댄 사람들도 있었지만, 과거와 달라진 내 모습에 도와주겠다고 약속하는 사람들도 있었네. 실제로 적잖은 사람들이 내게 커다란 도움을 주었네. 특히 대금업자인 마톤이 발벗고 나서 도와주더군. 내가 시리아에서 낙타를 돌본 것을 알고서는 나를 낙타상인인 네바투르에게 소개시켜 주었으니까. 그에게 많은 것을 배웠지. 낙타에 대한 모든 것을 배웠네. 그를 도와 일하면서 번 돈으로 빌린 돈을 조금씩 갚아 나아갔네. 그렇게 모든 빚을 청산했을 때 내 기분이 어땠겠나? 아마 자네들은 상상조차 못할걸세."

다바시르는 염소 종아리에서 눈길을 돌리고 부엌을 향해 큰소리로 말했다.

"카우스코르, 왜 그리 눈치가 없는가? 고기가 차갑게 식

었잖은가! 다시 데워오게. 그리고 타르카드에게도 먹을 것을 좀 갖다주게. 오늘은 내 옛 친구의 아들과 배가 터지도록 먹어봐야겠네."

이렇게 다바시르의 이야기는 끝이 났다.
"뜻이 있는 곳에 길이 있다"는 진리를 깨달음으로써 그는 새로운 삶을 살 수 있었다. 진정한 자유인의 의미를 깨달을 수 있었다.
당신도 경제적 곤경에서 벗어나 성공하고 싶은가? 당신을 부자로 만들어줄 마법의 주문이라도 바라는가? 그렇다면 이 진리를 마음속에 새기고 진정한 자유인의 길을 걸어라.

뜻이 있는 곳에 길이 있다!

바빌론의 토판

노팅엄대학교
세인트 스위친스 컬리지
뉴워크 온 트렌드, 노팅엄

1934년 10월 21일

메소포타미아 힐라,
영국 과학탐사대
프랭클린 캘드웰 교수

교수님께,

바빌론 유적지에서 교수님께서 최근에 발굴하신 5개의 토판이 오늘에야 도착했습니다. 동봉하신 교수님의 편지도 잘 받았습니다. 토판을 받고 가슴이 설레었습니다. 저는 몇 시간을 꼼짝 않고 앉아서 토판에 새겨진 글을 번역하기 시작했습니다. 교수님의 편지에 곧바로 답장을 드려야 했지만 토판의 번역을 완전히 끝낸 다음에 보내려고 이제야 답장을 드리게 되었습니다.

토판은 아무런 손상없이 무사히 도착했습니다. 교수님께서 꼼꼼하게 포장해서 보내신 덕분입니다.

토판에 어떤 내용이 씌어 있는지 아시게 된다면 교수님도 저희만큼이나 놀라실 것입니다. 교수님도 『아라비안 나이트』와 같은 낭만적인 모험 이야기가 씌어 있을 것이라 생각하시겠죠?

그러나 전혀 다른 글이었습니다. 다바시르란 사내가 빚을 갚기 위해서 했던 일이 자세하게 씌어 있었습니다. 5000년 전의 세계가 지금과 조금도 다르지 않았다는 사실을 저에게 깨우쳐준 글이었습니다.

교수님, 토판을 해석하면서 제가 어떤 생각을 했는지 아십니까? 토판이 나를 꾸짖고 있는 기분이었습니다. 저도 어엿한 대학교수이기 때문에 웬만한 것들에 대해서는 상당히 알고 있다고 자부하며 살았습니다.

그러나 바빌론의 먼지 속에서 찾아낸 토판은 제게 새로운 눈을 뜨게 해주었습니다. 저를 짓누르는 빚에서 벗어나 얄팍한 지갑을 황금으로 채우는 혁신적인 방법을 가르쳐주었습니다.

저도 한번 바빌론의 토판이 가르쳐준 방법대로 살아볼 생각입니다. 오늘날에도 그 방법이 효과가 있을지 실험해볼 생각입니다.

교수님의 발굴에 커다란 성과가 있기를 바랍니다. 안녕히 계십시오.

알프레드 H. 슈루스버리
고고학과 교수

첫번째 토판

나, 다바시르는 시리아에서 노예로 살고 있었지만 내 고향 바빌론에 돌아가 많은 빚을 갚고 부자가 되겠다는 결심으로 탈출을 감행했다. 그후로 나는 그 결심을 한시도 잊은 적이 없었다. 오늘 하늘에는 보름달이 떠 있다. 그래서 나는 그 원대한 꿈을 성취하기 위한 계획을 토판에 새겨두고 잠시도 잊지 않으려 한다.

대금업자인 절친한 친구, 마톤의 지혜로운 조언에 따라 나는 자세한 계획을 세웠다. 내 빚을 청산함과 동시에 자존심을 되찾고 부자가 되기 위한 계획이다. 다시 말해서 내 꿈과 희망인 3가지 목표가 담긴 계획이다.

첫째는 풍요롭고 행복하게 살겠다는 목표이다. 이 목표를 달성하기 위한 최선의 방책은 내 수입의 1할을 무조건 저축하는 것이다. 이 방법의 필요성에 대해서 마톤은 이렇게 설명해주었다.

"저금통에 쓰고도 남을 금화와 은화를 두둑이 지닌 사람은 가족에게 충실하고 왕에게도 충성스런 사람이다.

　저금통에 몇 푼의 동전을 지닌 사람은 가족에게 무관심하고 왕에게도 무관심한 사람이다.

　빈 저금통을 가진 사람은 가족에게 불성실하고 왕에게도 불충한 사람이다. 게다가 심성까지 강퍅한 사람이다.

　따라서 성공을 원한다면 일정한 몫의 돈을 꾸준히 저축해야 한다. 그래야 저금통을 살찌울 수 있다. 그때는 당신도 가족에게 사랑을 베풀고 왕에게 충성할 수 있을 것이다."

　둘째는 내게 다시 돌아온 아내에게 아름다운 옷을 입히고 넉넉한 생활비를 주겠다는 목표이다. 마톤의 조언에 따르면, 이 목표가 아내의 자존심을 지켜주면서 내 결심을 굳건히 지켜나갈 수 있는 최선의 방책이었다.

　따라서 내 수입의 7할로 먹을 것과 입을 옷을 사고 그밖의 자질구레한 비용들을 충당할 작정이다. 그 정도로도 내 가정을 행복하게 꾸려가는 데 부족함이 없으리라 생각한다. 그러나 마톤은 장래의 원대한 목표를 위해서는 내 수입의 7할을 넘는 지출을 해서는 안 된다고 충고해주었다. 가끔은 힘겹더라도 이 원칙을 고수할 때 내 계획이 성공할 수 있을 것이라고 말했다. 나는 그 범위 내에서 살기로 굳게 결심했다. 7할의 범위를 넘어서서는 어떤 지출도 하지 않겠다고 결심했다.

두 번째 토판

셋째는 내가 번 돈으로 빚을 갚겠다는 목표였다. 따라서 보름달이 뜰 때마다 내 수입의 2할을 적절하게 쪼개서 나를 믿고 돈을 빌려준 사람들에게 조금씩이라도 갚을 생각이다. 이렇게 꾸준히 갚아간다면 언젠가 모든 빚을 청산할 수 있지 않겠는가!

내가 빚을 진 사람들과 그 액수를 이 토판에 적어두고 잊지 않으려 한다.

파루, 직조공, 은화 2개와 동전 6개

신자르, 침상 제조인, 은화 1개

아마르, 친구, 은화 3개와 동전 1개

잔카르, 친구, 은화 4개와 동전 7개

아스카미르, 친구, 은화 1개와 동전 3개

하린시르, 보석 세공인, 은화 6개와 동전 2개

디아베케르, 아버지의 친구, 은화 4개와 동전 1개

알카하드, 집주인, 은화 14개

마톤, 대금업자, 은화 9개

비레지크, 농부, 은화 1개와 동전 7개

(그 이후는 토판의 겉면이 풍화되어 해독할 수 없었습니다)

세 번째 토판

내 빚을 모두 합하면 은화 119개와 동전 141개이다. 이 엄청난 빚을 갚을 방법이 없었기 때문에 나는 아내까지 친정으로 돌려보냈고 다른 도시에서 돈을 벌어볼 생각으로 고향을 떠났다. 그러나 그 결과는 참혹할 뿐이었다. 시리아에 노예로 팔려가는 수모까지 겪어야 했다.

마톤이 내가 버는 돈으로 빚을 조금씩 갚아나갈 수

있다는 사실을 알려주었을 때, 내가 빚을 피해서 달아났던 것이 얼마나 무모한 짓이었던가를 깨달았다. 마톤의 조언대로 나는 채권자들을 하나씩 찾아다니면서 내 사정을 솔직하게 설명했다. 지금은 갚을 돈이 없지만 내게 일할 능력이 있으므로, 매달 버는 돈의 2할을 모든 채권자들에게 공평하게 갚겠다고 약속했다. 그들이 끈기있게 기다려준다면 언젠가 모든 빚을 반드시 청산하겠다고 굳게 약속했다.

그러나 내가 가장 절친한 친구라 생각했던 아마르는 내게 심한 욕설을 퍼부었고, 농부인 비레지크는 내가 곤경에 처했을 때 자신이 도와주었으니 그의 돈을 먼저 갚아달라고 말했다. 집주인인 알카하드는 내 간청을 듣는 척도 하지 않으면서 곧장 모든 빚을 청산하지 않으면 내 가족을 집에서 내쫓겠다고 협박했다.

하지만 다른 사람들은 내 청을 기꺼이 받아들였다. 덕분에 나는 더욱 자신감을 갖고 일할 수 있었고, 빚쟁이를 피해다니는 삶보다 빚을 조금씩이라도 갚아가는 삶이 훨씬 편안하다는 사실을 새삼스레 확인할 수 있었다. 모든 빚쟁이의 요구를 만족시켜줄 수는 없겠지만 나는 그들의 빚을 공평하게 갚아갈 것이다.

네 번째 토판

다시 보름달이다. 지난 한 달 동안 나는 편안한 마음으로 정말 열심히 일했다. 착한 아내도 내 뜻을 이해해주고 나를 적극적으로 도와주었다. 아내와 나는 네바투르를 대신해서 건강한 낙타를 사고 팔면서 은화 19개를 벌었다.

나는 계획대로 그 돈을 나누었다. 우선 1할을 따로 떼어서 저축하고, 7할은 아내에게 생활비로 주었다. 그리고 남은 2할을 채권자들에게 공평하게 나눠주었다.

아마르에게 빚을 갚으러 갔을 때 그가 때마침 집에 없어 그의 부인에게 돈을 맡겼다. 비레지크는 적은 돈이나마 무척이나 기뻐하며 내 손에 입맞춤까지 해주었다. 알카하드는 여전히 불만스런 얼굴로 돈을 빨리 갚으라고 재촉했다. 그래서 나를 괴롭히지 않고 편하게 해준다면 더 빨리 갚을 수 있을 것이라고 대꾸해주었다. 물론 다른 사람들은 나를 반갑게 맞아주며 내 노력을 칭찬해주었다.

결국 한 달을 노력한 대가로 나는 은화 4개만큼의

빚을 줄일 수 있었다. 게다가 무일푼이던 내가 은화를 2개나 지닌 작은 재산가가 될 수 있었다. 그것만으로도 나는 하늘에 떠 있는 기분이었다.

다시 보름달이 되었다. 지난 달에도 열심히 일했지만 성과는 시원찮았다. 낙타 거래가 원활치 못한 탓이었다. 은화 11개가 총수입이었다. 그러나 아내와 나는 실망하지 않았다. 좋은 옷을 입지 못하고 풀로 연명하더라도 원래의 계획대로 돈을 나누었다. 우선 1할을 따로 떼어 저축했고 7할을 생활비로 아내에게 주었다.

그런데 뜻밖에도 아마르가 나를 반갑게 맞아주는 것이 아닌가! 비레지크도 마찬가지였다. 알카하드는 푼돈이라며 화를 냈지만, 내가 푼돈이어서 불만스러우면 돌려달라고 말하자 비열한 웃음을 흘리면서 내게 화해를 청했다. 물론 다른 사람들은 예전과 다름없이 나를 반겨주었다.

다시 보름달이 떴다. 무척이나 만족스런 한 달이었다. 운이 좋게도 건강한 낙타들을 만날 수 있어 무려 은화 42개를 벌 수 있었다. 덕분에 아내와 나는 괜찮은 옷과 신발까지 살 수 있었다. 오랜만에 염소고기와 닭고기를 배불리 먹을 수 있었다. 게다가 채권자들에게도 모두 은화 8개를 갚을 수 있었다. 하지만 알카하드는 여전히 불만스런 얼굴이었다.

빚에서 벗어날 수 있는 최선의 방책이었다. 또한 우리만의 재산을 축적할 수 있는 최선의 방책이었다. 내가 토판에 기록을 남기기로 결심한 이후로 석 달이 지났다. 매달 수입의 1할을 저축했다. 아내에게는 수입의 7할을 주었다. 때로는 힘겨운 삶이었지만 이 원칙에서 벗어나지 않았다. 그리고 남은 2할을 채권자들에게 충실하게 갚았다.

지금 내 저금통에는 21개의 은화가 있다. 비록 적은 돈이지만, 이것은 내가 얼굴을 똑바로 들고 친구들과 떳떳하게 지낼 수 있게 해주는 원동력이다.

아내도 성실하게 가정을 꾸려간다. 아내에게 어울리는 옷도 살 수 있다. 지금 우리는 다시 신혼부부처럼 행복하게 살고 있다.

노예였던 인간을 떳떳한 자유인으로 만들어준 이런 계획의 가치를 어찌 말로 표현할 수 있겠는가?

다섯 번째 토판

 다시 보름달이 떴다. 내가 이 토판을 작성한 지 패나 오랜 시간이 지났다. 벌써 12달이 지났다. 하지만 오늘은 내가 기록을 반드시 남겨야 하는 날이다. 바로 오늘 내 빚을 모두 청산했기 때문이다. 착한 아내와 내가 목표를 달성했기에 커다란 잔치라도 벌이고 싶은 날이기도 하다.

 오늘 채권자들을 찾아갔을 때 오랫동안 기억해야 할 많은 일들이 일어났다. 아마르는 그동안 쌀쌀하게 대했던 것에 용서를 구하고, 내가 그에게 가장 소중한 친구의 하나로 되돌아왔다고 눈물을 글썽대며 말했다.

 알카하드도 그렇게 퉁명스럽지만은 않았다. 오히려 이렇게 말해주었다.

 "옛날에 자네는 뚜렷한 자기 모습을 갖지 못한 물렁한 진흙덩어리에 불과했지만, 이제 분명한 자신의 모습을 가진 청동이 되었네. 자네는 이제 믿을 수 있는 사람이야. 앞으로 돈이 필요하다면 언제라도 찾아오게."

알카하드만이 나를 이렇게 평가해준 것은 아니었다. 이제는 모두가 내게 신뢰의 눈길을 보내준다. 착한 아내도 내게서 자신감이 느껴진다고 말해주었다.

이 모두가 나를 성공의 길로 이끌어준 방법 때문이다. 내게 모든 빚을 청산하게 해주고 지갑까지 두둑하게 만들어준 방법 때문이다.

나는 미래의 모든 세대에게 이 방법대로 살아가라고 권하고 싶다. 과거에 노예 노릇까지 했던 사람에게 빚을 청산하고 두둑한 지갑까지 갖게 해준 방법이라면, 행복한 미래를 꿈꾸는 어떤 사람에게도 도움이 될 것이라 믿기 때문이다. 앞으로도 나는 이 방법대로 살아갈 생각이다. 지금처럼 살아간다면 언젠가 반드시 부자가 될 수 있으리라는 확신이 있기 때문이다.

노팅엄 대학교
세인트 스위친스 컬리지
뉴워크 온 트렌드, 노팅엄

1936년 11월 7일

메소포타미아 힐라,
영국 과학탐사대
프랭클린 캘드웰 교수

교수님께,

바빌론의 유적지를 탐사하는 중에 다바시르라는 낙타상인의 유령이라도 만나시면 제가 안부를 묻더라고 전해주십시오. 아주 오래 전 그가 토판에 남긴 글 덕분에 영국의 한 대학교수 부부가 빚을 딛고 일어나 행복한 삶을 살고 있다고 전해주십시오.

2년 전 제가 토판에 씌어 있는 방법대로 살면서 빚을 청산하고 돈을 저축하겠다고 결심한 것을 기억하실 것입니다. 동료들에게는 아무 말도 하지 않았지만, 솔직히 말씀드려 2년 전까지 저는 절망적인 상황에 빠져 있었습니다.

누적된 빚 때문에 우리 부부는 깊은 시름에서 벗어날 날이 없었습니다. 심지어 소문을 퍼뜨려 나를 대학에서 쫓아내겠다고 협박하는 빚쟁이들도 있었습니다. 우리는 1실링까지도 쪼개서 빚을 갚고 또 갚았지만, 사정은 조금도 나아지지 않았습니다. 그런 상황에서도 우리는 체면을 잃지 않으려고 비싼 물건까지 사들이는 허세를 부렸습니다.

따라서 사정이 나아지기는커녕 빚만 불어나는 악순환에 빠지고 말았습니다. 빚에서 벗어나려고 발버둥쳐보았지만 아무런 소용이 없었습니다. 집주인에게도 빚을 지고 있어 싼 집으로 이사할 수도 없었습니다. 그런 상황을 개선할 방도가 도무지 보이지 않았습니다.

그때 바빌론의 낙타상인이 남겨놓은 토판을 보게 되었습니다. 그도 우리와 똑같은 처지였습니다. 그가 남긴 이야기는 우리 부부에게 한 가닥 희망의 불빛이었습니다. 그래서 그가 한 방법대로 우리에게 빚을 준 사람들의 목록을 만들어 그들을 찾아다녔습니다. 그 목록을 보여주면서 제 계획을 설명했습니다. 제가 그들에게 한꺼번에 빚을 갚을 방도가 없다고 솔직하게 설명했습니다. 그들도 목록에 쓰인 숫자를 보면서 고개를 끄덕였습니다. 그리고 제가 빚을 청산할 수 있는 유일한 방법은 매달 수입의 20퍼센트를 2년 동안 그들에게 공평하게 갚아 나가는 것이라 설명했습니다. 그리고 앞으로 모든 거래를 현찰로 하겠다고 다짐했습니다.

예상과는 달리 대부분이 너그럽게 제 계획을 수긍해주었습니다. 심지어 우리가 단골로 다니는 야채가게 주인은 발 벗고 나서서 다른 사람들을 설득해주었습니다.

"당신이 앞으로 모든 물건을 현찰로 지불하고 빚까지 조금씩 갚는다면 지금보다야 훨씬 낫겠죠. 내 생각에 3년이면 모든 빚을 청산할 수 있을 겁니다"라고 격려까지 해주었습니다.

마침내 저는 제 수입의 20퍼센트로 빚을 조금씩 갚는 조건하에서 우리를 괴롭히지 않겠다는 계약을 모든 빚쟁이와 체결할 수 있었습니다. 물론 우리는 제 수입의 70퍼센트만으로 생활을 꾸려가기로 계획을 세웠습니다. 그리고 남은 10퍼센트는 반드시 저축하기로 결심했습니다. 미래의 두둑한 지갑을 생각할 때마다 온몸이 짜릿해지는 만족감을 느낄 수 있었습니다.

커다란 변화를 찾아나선 모험을 시작하는 기분이었습니다. 우리는 미래의 변화된 모습을 상상하며 살았습니다. 제 수입의 70퍼센트만으로도 충분히 살아갈 수 있었습니다. 일단 우리는 집을 줄였습니다. 덕분에 상당한 돈을 절약할 수 있었습니다. 우리가 즐기던 저명한 브랜드의 홍차까지 바꿨습니다. 게다가 훨씬 싼값으로 너 향긋한 홍차를 살 수 있다는 것에 놀라지 않을 수 없었습니다.

그러나 교수님께 10퍼센트의 힘에 대해서 꼭 말씀드리고 싶습니다. 우리는 그 혜택을 벌써 누리고 있습니다. 지나치게 성급한 것이 아니냐고 비웃지 마십시오. 그 10퍼센트가 제게 커다란 기쁨을 주고 있습니다. 교수님도 남은 돈을 조금씩 모아가면 짜릿한 희열을 맛보실 수 있을 것입니다. 남은 돈을 억지로 쓰는 것보다 저축해서 불려간다면 그것보다 즐거운 일이 어디에 있겠습니까?

그 돈은 제게 자신감을 주었습니다. 어느 정도 돈이 저축되자 우리는 그 돈을 훨씬 유용하게 활용할 수 있는 곳을 찾아냈습니다. 매달 10퍼센트의 돈을 적절한 곳에 투자하게 된 것입니다. 그런 투자는 제게 완전히 새로운 삶을 선물로 안겨주었습니다. 저도 마침내 현찰이 아니라 수표를 사용할 수 있게 된 것입니다.

우리가 투자한 돈이 꾸준히 늘어나고 있다고 생각할 때마다 더할 나위 없이 행복합니다. 제가 교수직에서 은퇴할 즈음이면 상당한 액수가 되어 있을 것입니다. 그것에서 발생하는 수입으로 넉넉히 살 수 있으리라 생각합니다.

이 모든 것이 다바시르라는 바빌론의 낙타상인이 가르쳐 준 방법대로 살아간 결과입니다. 믿기 어려우시겠지만 사실입니다. 빚은 줄어들면서 투자한 돈은 나날이 늘어가고 있습니다. 게다가 경제적으로도 예전보다 훨씬 풍족하게 살고 있습니다. 뚜렷한 계획하에 사는 것과 무작정 사는 것이 결과에서 이처럼 커다란 차이를 만들어낼 줄이야 어떻게 알겠습니까?

내년 말이면 우리는 모든 빚을 청산하게 됩니다. 그때가 되면 우리 부부는 여행을 즐기면서도 투자액을 더욱 늘릴 수 있을 것입니다. 물론 앞으로도 생활비로 수입의 70퍼센트 이상을 쓰지 않기로 굳게 다짐했습니다.

제가 다바시르란 낙타상인에게 개인적으로 감사하는 이유를 교수님도 짐작할 수 있으실 것입니다. 그는 우리 부부를 지옥에서 구해준 은인이었습니다.

그는 알고 있었습니다. 그는 미래에도 자신과 같은 사람들이 있을 것이란 사실을 알고 있었습니다. 그는 자신이 겪은 경험을 후세 사람들에게 전해주고 싶었던 것입니다. 그래서 토판에 그 기록을 남겨두는 힘겨운 작업을 마다하지 않았던 것입니다.

그는 빚에 고통받는 사람들에게 소중한 메시지를 남겨주었습니다. 바빌론이 몰락하고 5,000년이 지난 지금까지도 변함없이 효과있는 메시지입니다.

교수님의 건승을 빕니다.

알프레드 H. 슈루스버리
고고학과 교수

༄ ༄

바빌론 부자의 메시지는 바빌론이 몰락하고 5000년이
지난 지금도 여전히 효과가 확실한 불멸의 투자 지혜이다.

༄ ༄

바빌론에서 가장 운수좋은 사나이

바빌론의 상인 샤루 나다는 아라비아산 종마를 타고 대상을 선두에서 끌어가고 있었다. 깔끔한 옷차림은 나이보다 훨씬 젊어 보이는 그에게 무척이나 어울렸다. 짐을 잔뜩 실은 낙타들도 훌륭했다. 그런데 그가 깊은 고뇌에 시달리고 있을 줄이야 누가 짐작이라도 했겠는가.

다마스커스에서 출발한 여행은 먼 길이었다. 게다가 사막을 건너야 하는 시련의 길이기도 했다. 그러나 그런 것이 그의 발을 멈추게 할 수는 없었다. 대상을 약탈하려는 흉포한 아랍 부족들의 위협도 샤루 나다는 두려워하지 않았다. 말을 탄 호위부대가 그들을 지켜줄 것이라 굳게 믿었기 때문이었다.

그런데 무엇 때문에 그가 고민하는 것일까? 그가 다마스커스에서 데려오는 한 청년 때문이었다. 그는 과거에 샤루 나다의 동업자이던 아라드 굴라의 손자인 하단 굴라였다. 샤루 나다는 아라드 굴라에게 영원히 갚을 수 없는 은혜를 입은 적이 있었다. 그래서 그 손자에게라도 무엇인가를 해주고 싶었지만, 그 청년의 됨됨이를 생각할수록 깊은 고민에 빠져들 뿐이었다.

하단 굴라는 온 몸에 장신구를 주렁주렁 매달고 있었다. 심지어 반지와 귀걸이까지 하고 있었다. 하단 굴라의 그런 모습을 지켜보면서 샤루 나다는 혼잣말로 중얼거렸다.

'할아버지의 강인한 얼굴을 닮았건만 저 장신구들은 대체 뭔가? 남자에게 어울리는 것이라 생각하는 건가? 아라드 굴라는 결코 이런 모습이 아니었는데. 하지만 저 녀석도 언젠가는 깨닫겠지. 할아버지가 물려준 재산을 몽땅 날려버린 아버지의 전철을 밟지 않겠다고 결심할 날이 오겠지.'

그때 하단 굴라가 불쑥 물었다.

"아저씨, 이렇게 열심히 일하시는 이유가 뭔가요? 이렇게 먼 거리를 다니시면 피곤하지 않으십니까? 이렇게 일만 하시면 인생을 언제 즐길 수 있겠어요?"

샤루 나다는 하단 굴라에게 미소를 지으며 대답했다.

"인생을 언제 즐기냐고? 만약 네가 나라면 인생을 어떤 식으로 즐기겠느냐?"

"아저씨만큼의 재산이 있다면 저는 왕처럼 살겠습니다. 이처럼 뜨거운 햇살과 싸우면서 사막을 건너지는 않을 거라구요. 돈이 주머니에 들어오는 즉시 써버리겠어요. 세상에서 제일가는 부자처럼 옷을 입고 세상에서 가장 희귀한 보석을 사겠습니다. 제가 좋아하는 것을 마음껏 즐기면서 살겠습니다."

"네 할아버지에게는 보석이 하나도 없었을 게다."

샤루 나다는 이런 식으로 하단 굴라를 은근히 꾸짖고 다시 물었다.

"그런 식으로 인생을 즐기다 보면 일할 시간이라고는 없지 않겠니?"

하단 굴라는 서슴없이 대답했다.

"일이야 노예에게 시키면 되지 않겠습니까?"

샤루 나다는 아무런 대꾸도 하지 않았다. 그저 입술을 꼭 다물고 말없이 말을 몰았다. 대상이 언덕 꼭대기에 이르렀을 때 샤루 나다는 고삐를 당겨 말을 세웠다. 그리고 저 멀리 펼쳐진 푸른 계곡을 가리키며 하단 굴라에게 말했다.

"저 계곡을 보아라. 저 멀리 바빌론의 성벽이 희미하게 보이지 않느냐? 저 탑이 바로 벨 타워다. 네 눈이 밝다면 벨 타워 꼭대기, 영원의 불꽃에서 피어오르는 연기를 볼 수 있을 게다."

하단 굴라가 대답했다.

"그럼 저기가 바빌론인가요? 어렸을 때부터 저는 세상에서 가장 부유한 도시에 꼭 와보고 싶었습니다. 할아버지께서 커다란 재산을 모았다는 도시가 아닌가요? 할아버지께서 아직 살아계신다면 우리가 이처럼 고생하지는 않았을 겁니다."

"이미 천수를 다하고 떠나신 할아버지에게 그토록 매달리는 이유가 무엇이냐? 네 아버지와 너도 할아버지만큼 훌륭한 업적을 남길 수 있을 텐데."

"아버지와 저는 할아버지가 남기신 재산을 모두 잃고 말았습니다. 할아버지처럼 돈을 끌어당기는 비밀을 깨우치지 못한 까닭입니다."

샤루 나다는 하단 굴라의 푸념에 아무런 대꾸도 하지 않았다. 그저 말의 고삐를 당기며 계곡을 향해 비탈길을 천천히 내려가기 시작했다. 대상이 붉은 먼지 구름을 일으키며 그들의 뒤를 따랐다. 잠시 후 그들은 바빌론으로 연결된 간선도로에 이르렀고, 그곳에서 잘 정비된 농토를 따라 남쪽으로 방향을 잡았다.

세 노인이 밭을 갈고 있었다. 샤루 나다에게는 무척이나 낯익은 사람들이었다. 40년 전에 그곳에서 보았던 바로 그 얼굴들이었다. 틀림없었다! 40년 전과 다름없이 한 노인이 쟁기를 잡고 다른 두 노인은 힘겹게 황소를 옆에서 끌고 있었다.

40년 전, 그는 그들을 얼마나 부러워했던가? 그들처럼 될 수 있다면 영혼이라도 팔려 하지 않았던가? 그러나 지금은 어떤가? 그는 뒤에서 따라오는 긴 대상의 행렬을 바라보았다. 다마스커스의 소중한 보물들을 가득 실은 나귀들과 낙타들을 흐뭇한 얼굴로 바라보았다. 그 보물들도 그가 가진 재산의 일부에 불과했다.

그는 밭에서 쟁기질하는 세 노인을 가리키며 하단 굴라에게 말했다.

"저 사람들은 40년 전이나 지금이나 똑같이 밭에서 쟁기질을 하고 있구나."

"정말입니까?"

"그래, 바로 저 자리에서 저 사람들을 보았다."

옛날 일이 주마등처럼 그의 기억에 스치고 지나갔다. 왜 그는 과거를 묻어버리고 현실을 즐기며 살지 못하는 것일까? 샤루 나다는 하단 굴라의 얼굴에서 아라드 굴라의 미소 띤 얼굴을 보았다. 그와 그 청년 사이를 가로막고 있던 장벽이 조금은 허물어진 기분이었다.

그러나 낭비벽에 물든 이 청년을 어떤 식으로 도와야 할까? 어떤 일이라도 해낼 의욕에 불타는 청년이었다면 일자리는 얼마든지 구해줄 수 있었다. 그러나 손을 더럽히면서 일하기엔 너무도 고귀한 신분으로 착각하는 젊은이에게 어떻게 일을 강요할 수 있겠는가? 그러나 그는 아라드 굴라에게 진 빚을 갚고 싶었다. 진심에서 우러난 생각이었다. 그와 아라드 굴라는 모든 것을 숨김없이 나누는 사이였다. 적어도 둘 사이에는 가식과 체면이란 것이 없었다.

그 순간 멋진 생각이 샤루 나다에게 떠올랐다. 그러나 망설이지 않을 수 없었다. 그의 가족과 그의 신분을 고려해야만 했다. 자칫하면 그의 가족에게 기억하기 싫은 상처를 남겨줄 수 있었다.

그러나 결단력있는 사람답게 샤루 나다는 곧바로 행동에 옮기기로 결정을 내렸다. 망설일 이유가 없었다.

"네 할아버지와 내가 어떻게 동업자가 되었는지 알고 싶지 않나?"

하단 굴라가 대답했다.

"그런 것보다는 아저씨가 어떻게 돈을 벌었는지 알고 싶어요. 제가 알고 싶은 것은 그것뿐이에요."

샤루 나다는 하단 굴라의 질문을 무시하고 계속 말했다.

"내가 네 나이였을 때였다. 우리가 저 농부들 옆을 지나갈 때, 내 옆에 사슬로 묶여 있던 메기도란 농부가 저들의 성실치 못한 태도에 욕설을 퍼부어댔다. '저런 게으름뱅이들을 보았나! 쟁기를 잡은 사람이 쟁기를 깊이 박으려 하지 않고, 황소를 모는 사람들이 고랑을 따라 황소를 몰지 않는다면 어떻게 풍년을 기대할 수 있겠나?' 라고 말일세."

그때 하단 굴라가 깜짝 놀란 표정으로 물었다.

"잠깐만요. 방금 메기도가 아저씨 옆에 사슬로 묶여 있었다고 말씀하셨나요?"

"그랬다. 우리 목에는 청동으로 만든 쇠테가 둘러져 있었고 굵은 사슬이 우리를 하나로 묶고 있었다. 메기도의 옆에는 양도둑인 자바도가 묶여 있었다. 내가 하룬에서부터 알고 지내던 사람이었다. 끝에 있던 사람은 우리에게 이름을 밝히지 않아 우리는 해적이라 불렀다. 선원처럼 가슴에 뱀 문신을 하고 있어 해적이었으리라 추측한 것이다. 어쨌든 우리 네 사람은 사슬에 묶여 한 사람처럼 지내야 했다."

하단 굴라가 믿을 수 없다는 표정으로 다시 물었다.

"그럼 노예처럼 사슬에 묶여 지냈단 말인가요?"

"내가 옛날에 노예였다고 할아버지가 말씀해주시지 않았던가?"

"아저씨에 대한 말씀은 자주 해주셨지만 그 이야기는 금시초문입니다."

"네 할아버지는 그런 분이셨다. 비밀을 끝까지 지켜주시는 분이시지. 너도 그렇게 할 수 있겠니? 앞으로 내가 믿어도 좋겠니?"

이렇게 말하며 샤루 나다는 하단 굴라를 뚫어지게 쳐다보았다.

"저를 믿으십시오. 이 비밀을 누구에게도 발설하지 않겠습니다. 하지만 놀랐습니다. 그런데 아저씨가 어째서 노예가 되었는지 말씀해주시겠습니까?"

샤루 나다는 어깨를 으쓱해 보이며 대답했다.

"누구나 노예가 될 수 있는 법이다. 도박과 술, 이것 때문에 나는 노예가 되어야 했다. 그렇다고 내가 도박과 술에 빠진 것은 아니었다. 내 형의 무분별한 행동 때문에 그런 재앙을 겪어야 했다. 어느 날 술에 취해 친구와 말다툼을 벌이던 형이 그만 친구를 죽이고 말았다. 아버지는 형을 법의 심판대에 세우지 않으려는 생각으로, 형에게 살해된 친구의 부인에게 돈으로 보상하겠다며 나를 담보로 맡겼다. 하지만 아버지가 돈을 제때 마련하지 못하자 그 여자는 나를 노예상인에게 팔아버렸다."

하단 굴라가 소리쳤다.

"아니, 그럴 수가 있나요? 그렇게 사람의 권리를 짓밟아도 되는 건가요? 어쨌거나 아저씨가 어떻게 자유를 되찾았는지 말씀해주세요."

"지금은 때가 아니다. 하지만 언젠가 이야기를 해주마. 오히려 조금 전에 하던 이야기를 계속 해주마."

우리가 목에 사슬을 걸고 지나가자 그 농부들은 우리를 놀려댔다. 한 사람은 낡은 모자를 벗고 허리까지 숙이면서 빈정거렸다.

"바빌론에 오신 것을 환영합니다, 왕의 손님이시여. 바빌론의 왕께서 여러분을 성대한 연회를 준비해두고 성 안에서 기다리십니다. 벽돌과 양파 수프를 준비해두고 말입니다."

이렇게 빈정대며 그들은 커다랗게 웃어댔다. 해적은 화를 버럭 내면서 입에 담지 못할 욕지거리로 그들에게 저주를 퍼부었다. 그래서 내가 해적에게 물었다.

"왕이 성 안에서 우리를 기다린다니, 그게 무슨 뜻인가?"

"자네 등이 부서지도록 벽돌을 날라야 한다는 뜻이야. 어쩌면 등이 부서지기 전에 맞아죽을 수도 있겠지. 하지만 어림도 없어. 내게 채찍질을 하기 전에 먼저 죽여버릴 거야."

그러자 메기도가 말했다.

"열심히 일하기만 한다면 노예라고 무작정 때리겠나? 말을 잘 듣는 노예라면 주인도 좋아할 거라구."

그러나 자바도가 코웃음을 치며 말했다.

"열심히 일한다고? 저 농부들을 보게. 저들의 등은 말짱해. 그저 열심히 일하는 척할 뿐이야."

메기도가 나무라듯 말했다.

"그런 식으로 게으름을 피우면 자네는 절대 노예 신세에서 벗어나지 못할 거네. 자네가 하루에 3,000평의 밭을 갈면 어떤 주인이라도 자네의 성실함을 인정해줄걸세. 하지만 절반밖에 밭갈이를 못하면 게으름을 피웠다는 증거겠지. 나는 게으름뱅이가 아니야. 나는 일하고 싶어. 나는 정말 신나게 일하고 싶어. 지금까지 일보다 좋은 친구를 만난 적이 없으니까. 내 농장과 가축들, 그 모든 것은 내가 열심히 일한 덕에 모은 것이었어."

자바도가 빈정대는 말투로 물었다.

"그런데 그 많은 재산이 지금 어떻게 되었나? 대충대충 사는 것이 나아. 일하지 않으면서 살 수 있다면 그것보다 좋을 수 있겠나? 두고보라구! 일을 좋아하는 자네가 벽돌을 나르면서 등이 부러질 때 나는 물주머니나 나르면서 대충 시간을 때울 테니까."

그날 밤 나는 지독한 두려움에 사로잡혀 잠을 이룰 수 없었다. 우리는 밧줄을 두른 비좁은 공간에 갇혀 밤을 지내야 했다. 고도소란 산적이 우리를 감시하고 있었다. 그는 악당이었다. 지갑을 훔치면서 목줄까지 따내는 악한 중의 악한이었다. 그러나 나는 지푸라기라도 잡고 싶은 심정에서 그에게 물었다.

"고도소, 언제쯤이나 바빌론에 도착하게 되나요?"

고도소가 목소리를 낮춰 되물었다.

"그런 것을 알아서 무엇하게?"

"당신은 내 심정을 이해할 수 없을 겁니다. 나는 젊습니다. 살고 싶습니다. 성벽을 쌓으면서 평생을 지내고 싶지는 않습니다. 채찍에 맞아죽고 싶지는 않습니다. 좋은 주인을 만날 방법이 없을까요?"

나는 애절한 목소리로 말했다.

"좋아, 자네가 착해 보이니 비결을 말해주지. 일단 자네는 노예시장으로 옮겨질 거야. 잘 듣게. 노예를 사려는 사람이 오면 성실한 사람처럼 보이도록 하게. 열심히 일하는 사람처럼 보이도록 하게. 그들이 자네를 사도록 만들게. 그렇지 못하면 자네는 다음 날부터 벽돌을 날라야 할 거야. 그때부터는 죽음과 싸워야 할 거야."

그리고 고도소는 입을 다물었다.

나는 따뜻한 모래에 몸을 누이고 검은 하늘에 반짝이는 별들을 바라보며 일에 대해 생각해보았다. 메기도가 일에 대해 말한 것이 기억에 떠올랐다. 나도 일을 가장 절친한 친구로 만들 수 있을까? 그러나 최악의 상황에서 벗어나려면 그 방법밖에 없었다.

그랬다! 일을 친구로 만드는 방법이 유일한 희망이었다. 바빌론이 가까워지면서 나는 그 방법이 유일한 탈출구란 생각을 굳힐 수 있었다. 오후 늦게 우리는 바빌론의 성벽 앞에 이르렀다. 개미떼처럼 일렬로 늘어선 사람들이 가파른 언덕길을 오르내리는 것이 보였다. 우리는 놀라지 않을 수 없었다. 수천 명의 사람들이 성전을 쌓는 데 매달리고 있었다. 도랑을 파는 사람들이 있었고 진흙을 벽돌로 만드는 사람들이 있었지만 대부분이 커다란 바구니에 벽돌들을 잔뜩 담아 가파른 언덕 위까지 운반하고 있었다.

감시병들은 줄에서 조금이라도 벗어나는 사람들에게 욕설을 퍼부으며 채찍질을 해댔다. 무거운 벽돌을 감당하지 못한 사람들이 비틀대면서 쓰러졌다. 감시병들이 채찍질을 해대도 일어서지 못하는 노예들은 곧바로 길가로 치워졌다. 고통에 찬 신음을 내뱉는 그들에게 온정의 손길을 보내주는 사람은 하나도 없었다. 그들에게 남은 것은 죽음뿐이었다. 나는 그 섬뜩한 장면을 지켜보면서, 만약 노예시장에서 팔리지 못한다면 나도 똑같은 운명이 될 것이란 생각에 몸서리치지 않을 수 없었다. 그랬다, 무슨 수를 써서라도 노예시장에서 팔릴 수 있어야 했다.

고도소의 말이 옳았다. 우리는 성문을 들어서는 즉시 감옥으로 보내졌고, 다음 날 노예시장으로 옮겨졌다. 모두가 겁에 질려 발걸음을 떼지 않으려 했지만 사나운 채찍질에 움직이지 않을 수 없었다. 노예를 사려는 사람들이 우리를 차근차근 살펴보며 까다로운 질문을 던졌다. 메기도와 나는 성심껏 대답했다. 그들의 마음에 들려고 성날이시 혼신의 힘을 다했다.

해적의 저항은 대단했다. 결국 노예 상인은 왕의 수비대에게 도움을 청했다. 그들은 해적에게 족쇄를 채웠고 저항할 때마다 사정없이 채찍을 휘두르며 그를 어디론가 끌고 갔다.

메기도는 우리가 헤어질 때가 왔다고 느꼈는지, 내게 일의 의미에 대해서 말해주었다. 일이 내 운명을 결정하는 소중한 친구가 될 것이라고 말해주었다.

"일하기를 싫어하는 사람들도 있네. 그들은 일을 앙숙처럼 생각하지. 그러나 행복한 미래를 만들고 싶다면 일을 사랑하게. 일을 친구처럼 생각하게. 물론 일은 힘든 것일세. 하지만 그것 때문에 일을 멀리해서는 안 되네. 자네가 좋은 집을 짓는다고 생각한다면, 어떤 대들보를 써야 하겠는가? 회반죽을 만들려면 멀리에서라도 물을 길러와야 되지 않겠는가? 젊은이, 내게 약속해주게. 좋은 주인을 만나면 주인을 위해 최선을 다해 일하겠다고 약속해주게. 주인이 자네의 성실함을 인정해주지 않더라도 개의치 말게. 하지만 최선을 다해 일한다면 언젠가 꼭 보답을 받을 수 있을 거네. 열심히 일하지 않으면서 어떻게 미래에 대한 희망을 가질 수 있겠나?"

그러나 우리는 대화를 중단하지 않을 수 없었다. 우락부락하게 생긴 농부가 우리에게 다가와 유심히 살펴보았기 때문이다.

메기도는 그에게 얼마나 큰 농장을 갖고 있는지, 어떤 농작물을 심는지 등에 대해서 물었다. 그가 무척이나 유용한 노예라는 것을 증명해 보이고 싶었던 것이다. 농부는 메기도의 성실함과 지식에 감동했는지 노예 상인과 한참이나 실랑이를 한 뒤에야 두툼한 지갑을 꺼내서 값을 치렀다. 그리고 메기도는 새 주인의 뒤를 따라 내 시야에서 멀어졌다.

아침에만 서너 명의 사람이 팔려나갔다. 정오가 되었을 때 고도소가 내게 다가와 은밀하게 속삭였다. 노예 상인이 장사가 시원찮아 다음날까지 노예 시장을 열지 않고, 해가 저물면 남은 사람들을 모두 왕의 노예로 팔아버릴 것이란 청천벽력과도 같은 소식이었다. 나는 거의 절망상태에 빠졌다. 그때 마음씨 좋게 생긴 뚱뚱한 사람이 우리에게 다가와 빵굽는 재주를 가진 사람이 있느냐고 물었다.

신이 내게 주신 기회였다. 나는 곧바로 그에게 다가가 말했다.

"주인님처럼 훌륭한 솜씨를 지니신 분이 어째서 빵굽는 사람을 또 찾으십니까? 오히려 주인님의 뛰어난 솜씨로 저와 같은 사람을 가르치는 편이 쉽지 않겠습니까? 저를 보십시오. 저는 젊습니다. 건강하고 일하기를 좋아합니다. 제게 기회를 주신다면 주인님을 위해서 목숨을 걸고 일하겠습니다. 최선을 다하겠습니다."

그는 내 적극적 의지에 감동했는지 노예 상인과 흥정을 하기 시작했다. 나를 산 이후로 내게 눈길조차 주지 않던 노예 상인은 내 능력을 과장되게 떠벌려대며 높은 값을 불렀다. 그때 나는 도살장에서 팔려가는 살찐 황소가 된 기분이었다. 마침내 흥정이 끝나고 나는 새 주인을 따라 노예 시장을 떠날 수 있었다. 바빌론에서 가장 운수좋은 사내가 된 기분이었다.

내가 새로 맞은 보금자리는 내 마음에 들었다. 내 주인이 된 나나 나이드는 보리를 빻는 방법, 화덕에 불을 지피는 방법을 내게 가르쳐주었다. 꿀처럼 달콤한 케이크를 만들 때 사용되는 참깨를 빻는 방법도 가르쳐주었다. 곡물을 보관하는 창고가 내 방이었다. 내가 힘겨운 일을 도맡아 처리하자 집안을 관리하던 노예인 스와스티도 내게 무척이나 고마워하면서 먹을 것을 넉넉하게 주었다.

나는 주인에게 내가 가치있는 존재라는 것을 보여주고 싶었다. 그렇게 한다면 자유를 되찾을 수 있으리라는 희망 때문이었다.

어느 날 나는 나나 나이드에게 빵을 반죽해서 굽는 방법을 가르쳐달라고 청했다. 그는 내가 빵굽는 기술을 적극적으로 배우려 하자 몹시 기뻐하며 기꺼이 가르쳐주었다. 빵굽는 기술을 거의 완벽하게 숙달했을 때, 나는 그에게 꿀 케이크를 만드는 방법을 가르쳐달라고 청했다.

내가 모든 빵을 혼자서 만들 수 있게 되자, 그때부터 나나 나이드는 빈둥대며 소일하기 시작했다. 그러자 스와스티는 못마땅한 표정으로 고개를 절레절레 저으며 말했다.

"할 일이 없다는 것은 어떤 사람에게나 바람직한 것이 아니야!"

그러나 그것이 내게는 기회였다. 내 자유를 되찾는 데 필요한 돈을 벌 방법을 궁리하기 시작했다. 정오에 빵굽는 일이 끝나면, 오후에만 일하는 그럴 듯한 일자리를 찾아서 내가 번 돈을 나눠갖자고 한다면 나나 나이드가 흔쾌히 허락할 것이란 생각이었다. 그때 멋진 생각이 떠올랐다. 꿀빵을 좀더 만들어서 바빌론 시내를 돌아다니며 판다면 상당한 돈을 벌 수 있을 것 같았다.

나는 곧바로 나나 나이드에게 달려가 내 생각을 말했다.

"제가 주인님을 위해서 오전 일을 끝낸 후 남아 있는 오후 시간을 제게 허락해주신다면 바빌론 사람들이 원하는 것을 만들어 직접 거리로 들고 나가 팔겠습니다. 그럼 돈을 좀더 벌 수 있을 것 같습니다. 그렇게 번 돈을 주인님과 제가 나눠 가질 수 있지 않을까요?"

"돈이야 많을수록 좋은 것이지. 자네 생각대로 해보세."

그래서 나는 꿀빵을 만들어 팔겠다는 계획을 그에게 자세히 말해주었고, 그는 내 계획에 흔쾌히 동의해주면서 이렇게 덧붙였다.

"꿀빵 2개에 동전 한 닢을 받도록 하게. 그리고 총수입에서 절반은 재료비로 계산하세. 밀가루와 참깨, 그리고 빵을 굽는 데 필요한 장작 값을 충당해야 하니까. 나머지 절반을 자네와 내가 절반씩 나눠 갖도록 하세."

총수입의 4분의 1이 내 몫이었기 때문에 나로서도 불만이 없는 제안이었다. 어쨌거나 내 돈을 만들 수 있는 기회가 생긴 셈이었다. 그날 밤, 나는 밤을 새워가며 꿀빵을 진열한 접시를 만들었다. 나나 나이드는 그가 입던 옷 중에서 내게 어울리는 옷을 준비해주었고, 스와스티는 해진 곳을 기워서 깨끗하게 세탁까지 해주었다.

다음 날 나는 꿀빵을 넉넉하게 만들었다. 내 눈에도 먹음직스럽게 보였다. 나는 꿀빵을 시내로 들고 나가 큰소리로 외치며 손님들을 끌어모았다. 처음에는 아무도 관심을 보여주지 않았다. 실망스러웠지만 나는 계속해서 큰소리로 꿀빵을 사라고 외쳤다. 오후 늦게부터 사람들이 배가 고팠던지 꿀빵이 팔려나가기 시작했다. 그리고 그날 준비한 꿀빵이 순식간에 모두 팔려나갔다.

나나 나이드는 내 성공에 무척이나 기뻐하면서 내 몫을 기꺼이 떼어주었다. 내 돈이었다! 훌륭한 주인이라면 노예의 성실함을 인정해줄 것이라는 메기도의 충고는 옳았다. 그날 밤 나는 흥분된 가슴을 달래느라 잠을 이룰 수 없었다. 앞으로 1년 후에 얼마의 돈을 벌 수 있을지 계산해보았다. 그리고 몇 해를 일해야 내 자유를 되찾을 수 있을지도 계산해보았다.

매일 꿀빵을 만들어 거리에 나가 팔았다. 단골 손님까지 확보할 수 있었다. 그 중 한 사람이 바로 아라드 굴라였다. 그는 융단을 전문적으로 파는 상인이었다. 융단을 가득 실은 나귀를 끌고 흑인 노예의 도움을 받아가며 바빌론 시내를 샅샅이 돌아다니는 부지런한 상인이었다. 그는 매일 꿀빵 4개를 사서 흑인 노예와 똑같이 나누어 먹었다. 그리고 꿀빵을 먹는 동안 내게 많은 이야기를 해주었다.

어느 날 아라드 굴라는 내가 평생 동안 잊지 못할 이야기를 해주었다.

"자네가 만든 꿀빵이 맛있구먼. 하지만 꿀빵을 거리까지 들고 나와 팔겠다는 적극적 사고방식이 무엇보다 마음에 드네. 이런 정신을 잃지 않는다면 자네는 틀림없이 성공할 수 있을걸세."

아라드 굴라의 칭찬은 바빌론이란 거대한 도시에서 굴욕적인 삶을 살고 있던 나에게 용기를 북돋워주는 격려였다. 노예에서 벗어날 길만을 찾고 있던 나에게는 평생 잊지 못할 따뜻한 격려였다.

그렇게 몇 달이 지나면서 내 지갑도 조금씩 채워지기 시작했다. 허리춤에서 묵직한 무게를 느낄 수 있었다. 일이 가장 소중한 친구라는 메기도의 충고는 조금도 틀리지 않았다. 나는 한없이 행복했지만 스와스티는 걱정스런 얼굴로 이렇게 말했다.

"주인이 도박장에서 보내는 시간이 점점 늘어나고 있어. 걱정이야."

어느 날 나는 길에서 메기도를 만날 수 있었다. 그는 야채를 가득 실은 나귀를 3마리나 끌고 시장으로 향하고 있었다.

"어떤가? 그동안 성심껏 일한 덕분에 이렇게 될 수 있었네. 주인이 내게 거래까지 맡길 정도가 되었네. 게다가 주인은 내 가족까지 데려와서 함께 살도록 해주겠다더군. 모두가 일을 열심히 한 덕분일세. 열심히 일한다면 언젠가는 자유를 되찾고 내 농장을 가질 수 있을걸세."

메기도는 예전과 다름없이 성실한 모습이었다. 그후 시간이 흐를수록 나나 나이드는 내가 거리에서 돌아오기를 초조하게 기다렸다. 내가 돌아오자마자 내 몫을 떼어주고는 곧바로 뛰쳐나갔다. 게다가 내게 더 많은 꿀빵을 만들어 팔라고 재촉했고, 내 수입은 하루가 다르게 늘어갔다.

가끔씩 나는 바빌론 성밖으로 나가 성벽을 쌓은 노예들을 감독하는 사람들에게도 꿀빵을 팔았다. 그 끔찍한 현장을 보고 싶지는 않았지만 노예 감독관들이 언제나 꿀빵을 넉넉하게 사주었기 때문이다.

어느 날 나는 벽돌을 짊어지고 힘겹게 걸어가는 자바도를 보았다. 몰라보게 수척해진 모습이었다. 등에는 채찍 자국들이 선명했다. 나는 틈을 보아 그에게 꿀빵 하나를 주었다. 그는 굶주린 짐승처럼 꿀빵을 입에 쑤셔넣었다. 그러나 굶주림에 지친 얼굴을 보는 순간 나는 뒤로 물러서지 않을 수 없었다. 그가 앞뒤를 가리지 않고 내 꿀빵 상자를 덮칠지도 모른다는 생각 때문이었다.

어느 날 아라드 굴라가 내게 물었다.

"이렇게 열심히 일하는 이유가 뭔가?"

나는 메기도가 내게 해주었던 말로 대답을 대신했다. 일이 나에게 가장 소중한 친구라는 것을 증명해 보이고 싶다고 대답했다. 그리고 동전으로 가득한 내 전대를 그에게 자랑스레 보여주며, 그것으로 내 자유를 되찾을 것이라고 말했다. 그러자 아라드 굴라가 다시 물었다.

"자유를 되찾은 다음에는 무엇을 하려나?"

"장사를 시작해볼 생각입니다."

그때 아라드 굴라는 뜻밖의 비밀을 털어놓았다.

"그래? 자네는 몰랐을 테지만 나도 노예일세. 하지만 나는 내 주인과 동업자 관계에 있네."

샤루 나다의 이야기를 조용히 듣고 있던 하단 굴라가 깜짝 놀란 목소리로 소리쳤다.

"그만하세요! 제 할아버지를 모욕하는 거짓말을 듣고 싶지는 않습니다. 할아버지는 노예가 아니었습니다!"

하단 굴라의 눈동자에서 분노의 불길이 활활 타올랐다. 그러나 샤루 나다는 여전히 차분한 목소리로 말했다.

"내가 자네 할아버지를 모욕할 이유가 어디에 있겠나? 불행을 딛고 일어나 다마스커스의 자랑스런 시민으로 우뚝 선 자네 할아버지를 나만큼이나 존경하는 사람은 이 세상에 없을걸세. 그래, 그분의 손자인 자네에게도 그런 기질이 있는가? 어떤 난관 앞에서도 좌절하지 않고 다시 일어설 용기가 있는가? 지금처럼 헛된 꿈을 좇으면서 안일하게 살려는가?"

하단 굴라는 고삐를 당겨 말을 세우고 깊은 회한에 젖은 목소리로 대답했다.

"모두가 할아버지를 좋아했습니다. 할아버지는 숱한 선행을 베푸셨습니다. 가뭄이 닥쳤을 때 할아버지는 이집트까지 직접 달려가 곡식을 사와서 다마스커스의 굶주린 사람들에게 나눠주셨습니다. 그런 할아버지가 바빌론에서 노예였다는 사실을 어떻게 믿겠습니까?"

"자네 할아버지가 계속해서 바빌론의 노예로 지냈다면 경멸받아 마땅했겠지. 하지만 그분은 혼신의 노력으로 다마스커스를 대표하는 부호가 되셨다. 신들도 자네 할아버지의 성실함에 감동해서 과거의 모든 죄를 용서해주신 게다. 여하튼 내 이야기를 끝까지 들어보거라."

아라드 굴라는 자신이 노예라는 비밀을 나에게 밝힌 후, 자유를 되찾기 위해 얼마나 열심히 일했는지 말해주었다. 그러나 자유를 되찾고도 남을 정도로 돈을 벌었지만, 자유인이 된 뒤에 무엇을 해야 할지 막막할 뿐이었다. 주인의 도움이 없어도 장사를 제대로 해낼 수 있을지 걱정이었던 것이다. 그때 나는 겁도 없이 이렇게 말해주었다.

"주인을 떠나십시오. 더 이상 주인에게 연연하지 마십시오. 자유인이 되십시오. 자유인답게 행동하면서 자유인답게 성공하십시오! 목표를 세우고 지금처럼 열심히 일하십시오. 열심히 일한다면 무엇이 두렵겠습니까? 틀림없이 성공할 수 있을 겁니다."

아라드 굴라는 내게 고맙다고 말했다. 내가 그에게 새로운 깨달음을 주었다는 것이다.

고대 바빌로니아에서는 노예도 개인 재산을 가질 수 있었다. 주인이 전혀 손댈 수 없는 재산이었으며 법적으로 보호를 받았다. 또한 노예도 자유인과 결혼할 수 있었다. 그리고 그 사이에서 태어난 자녀는 자유인으로 인정받았다. 당시 바빌로니아의 도시에서 장사하는 사람들 대부분이 노예였다. 그들은 주인과 동업관계로 일하면서 상당한 재산을 축적할 수 있었다.

그리고 어느 날 나는 다시 성밖을 찾아갔다. 그런데 사람들이 구름처럼 모여 있는 것이 아닌가. 나는 한 사람을 붙잡고 무슨 일이냐고 물었다.

"아직 못 들었소? 감독관을 죽이고 도망쳤던 노예가 결국 잡혀왔다는군. 그래서 오늘 사형에 처해진다는 거요. 게다가 왕이 친히 이곳까지 납신다는 소식이오."

그래서 사형대를 중심으로 사람들이 구름처럼 모여 있었

던 것이다. 나는 꿀빵 상자가 뒤집어질까 두려워 사람들 틈새를 비집고 들어갈 엄두가 나지 않았다. 그래서 완성되지 않은 성벽에 기어올라갔다. 예상한 대로 사형대가 한눈에 들어왔다. 황금마차에서 내리는 느부갓네살 왕도 볼 수 있었다.

나는 그 불쌍한 노예를 죽도록 채찍질해대는 끔찍한 장면을 차마 볼 수 없었다. 그 노예의 고통스런 비명소리에 귀를 막지 않을 수 없었다. 인자한 얼굴의 느부갓네살 왕이 그처럼 잔혹한 현장에 참석한 것이 의아할 뿐이었다. 그러나 그는 웃고 있었다. 귀족들과 농담까지 주고받고 있었다. 그는 잔인한 사람이었다. 성벽을 쌓는 데 동원된 노예들을 어떻게 다루어야 하는지 잘 알고 있는 사람이었다.

그 노예는 모진 채직찔을 견디지 못하고 결국 숨을 거두고 말았다. 그의 주검이 높다란 기둥에 매달렸다. 모든 노예들에게 보내는 경고의 메시지였다. 사람들이 흩어지기 시작했다. 나는 조심스레 기둥에 다가섰다. 그의 가슴 문신이 내 눈에 띄었다. 그는 해적이었다!

아라드 굴라를 다시 만났을 때 그는 완전히 다른 사람으로 변해 있었다. 그는 내게 반갑게 인사를 건네며 말했다.

"자네의 충고대로 자유인이 되었네. 자네가 내게 용기를 주었네. 자네 충고가 마법의 주문이었던 셈이야. 벌써부터 많은 돈을 벌고 있네. 내 아내도 무척이나 즐거워하지. 내 집사람은 내 주인의 질녀로 자유인이었네. 아내는 내가 과거에 노예였던 것을 아무도 모르는 낯선 도시로 이사가고 싶어하네. 그래야 우리 자식들이 내 얼룩진 과거 때문에 손가락질받지 않을 거라고 말일세. 그래서 생각중에 있네. 어쨌든 자네 말이 맞았네. 일만큼이나 믿을 만한 친구는 없었네. 일이 내게 자신감을 되찾게 해준 원동력이었네."

언젠가 그가 내게 베풀어주었던 따뜻한 격려에 보답했다는 생각에 나는 말할 수 없이 기뻤다.

그러던 어느 날 스와스티가 슬픈 얼굴로 나를 찾아왔다.

"주인이 곤란한 처지에 빠진 모양이다. 지금은 주인의 얼굴을 보는 것도 두렵구나. 도박장에서 많은 돈을 잃고 빚까지 진 모양이다. 빵을 만들려고 들여온 밀가루와 꿀값도 갚지 못하고. 게다가 빚쟁이들이 들이닥쳐 주인을 위협해대고 있으니 ……."

나는 생각없이 대답했다.

"주인 문제를 우리가 왜 걱정해야 하지요? 우리가 상관할 일이 아니라구요."

"어리석은 녀석! 아직도 모르겠느냐? 주인이 대금업자에게 빚을 갚는 대신에 너를 넘길 수도 있단 말이다. 그럼 대금업자가 너를 어떻게 처리하겠니? 노예 시장에 팔 게 아니냐. 정말 착한 주인이었는데, 그런데 왜? 왜 그처럼 착한 분에게 이런 불행이 닥쳐야 한단 말인가?"

스와스티의 걱정은 근거없는 것이 아니었다. 다음 날 아침 내가 빵을 굽고 있을 때 대금업자가 사시라는 사람과 함께 찾아왔다. 사시란 사내는 나를 한참이나 뜯어보더니 내가 마음에 든다고 말했다.

대금업자는 주인의 대답을 구하지도 않고, 그가 나를 데려갔다고 주인에게 전하라고 스와스티에게 말했다. 나는 내 돈이 담긴 전대를 허리춤에 차고 헐렁한 옷만을 걸친 채 빵을 굽던 화덕을 떠나야 했다.

태풍이 숲에서 나무를 낚아채서 멀리 바다에 내팽개치듯이 나는 내 소중한 꿈을 잃고 말았다. 다시 도박과 술이 나를 불행의 늪에 몰아넣은 것이었다.

사시는 무뚝뚝하고 퉁명스런 사람이었다. 그의 집을 찾아가는 동안 나는 나나 나이드에게 많은 돈을 벌게 해주었다고 말하면서 그를 위해서도 좋은 일을 하고 싶다고 덧붙였다. 그러나 그의 대답은 나에게 깊은 좌절만을 안겨주었다.

"나는 그런 것에 관심이 없네. 내 주인도 마찬가지일 걸세. 내 주인은 왕을 대신해서 대수로를 건설할 일꾼을 모으는 사람이니까. 나는 주인의 말대로 그저 열심히 일해서 빨리 끝낼 일꾼을 모으면 그만일세. 하지만 그 엄청난 공사를 어떻게 빨리 끝낼 수 있겠나?"

나는 한 그루의 나무도 없는 사막, 뜨거운 햇살만이 내려

바빌론에서 가장 운수좋은 사나이

쬐는 사막에 내던져지고 말았다. 목을 축일 물도 없는 땅이었다. 새벽부터 밤늦게까지 땅을 파고 무거운 흙을 쉴새없이 짊어져 날라야 했다. 게다가 살아야 하기 때문에 돼지처럼 구유에 입을 처박고 음식을 먹어야 했다. 천막도 없었다. 밀짚으로 만든 침상도 없었다. 나는 그런 처참한 세계에서 지내야 했다. 그러나 미래를 꿈꾸면서 아무도 모르는 곳에 내 전대를 묻어두었다.

처음에는 성심껏 일했다. 그러나 시간이 흐르면서 내 의욕도 꺾이기 시작했다. 피로에 지친 까닭에 뜨거운 햇살을 견디기가 더욱 힘들었다. 나는 식욕마저 잃었다. 아무것도 먹을 수가 없었다. 잠도 제대로 잘 수 없었다. 밤새 뒤척이며 내 운명을 한탄할 뿐이었다.

어느 날 문득 자바도가 생각났다. 자바도라면 적당히 꾀를 부리면서 일하는 방법을 알고 있을 것만 같았다. 내가 얼마나 고통스러웠으면 그런 생각을 했겠는가? 그러나 그를 마시막으로 보았던 때가 기억에 떠올랐다. 적당히 꾀를 부리는 방법은 결코 최선책이 아니었다.

해적도 생각났다. 그처럼 감독관을 죽이고 탈출하는 것이 더 낫지 않을까? 그러나 피를 흘리며 죽어간 그의 시체가 기억에 떠올랐을 때 그런 계획은 죽음을 재촉하는 무모한 짓일 뿐이란 사실을 깨달았다.

그리고 메기도를 마지막으로 보았던 때가 기억났다. 그

의 손은 험한 일로 못이 박혀 있었지만 그의 얼굴은 행복해 보였다. 그랬다, 그의 말대로 최선을 다해 열심히 일하는 것이 최선의 방책이었다.

하지만 나도 메기도만큼이나 열심히 일하지 않았던가? 아니, 메기도도 나만큼은 열심히 일하지 않았을 것이다. 그런데 내가 절망의 나락으로 떨어진 이유가 무엇일까? 그렇게 최선을 다해 일했는데 왜 행복은 내게 멀어지는 것일까? 메기도에게 행복을 안겨준 것은 일이 아니었단 말인가? 행복과 성공은 신의 손에 달려 있단 말인가? 뼈가 부서지도록 일해도 내 꿈을 성취할 수 없단 말인가? 신의 허락이 없으면 평생을 힘겹게 일해도 행복과 성공을 누릴 수 없단 말인가? 이런 의문들이 꼬리를 물고 이어졌지만 나는 그 대답을 구할 수 없었다.

며칠 후 내 인내심도 한계에 이르고 말았다. 그때 사시가 나를 불렀다. 나를 죽음의 수렁에서 구해준 구원의 불빛이었다. 주인이 나를 바빌론으로 데려가겠다는 소식이었다. 나는 땅 속에 묻어두었던 전대를 파냈다. 그리고 누더기처럼 해진 옷을 걸치고 곧바로 대수로 건설장을 떠났다.

주인의 집으로 향하면서 나는 많은 생각을 해보았다. 아무리 생각해보아도 나는 내 고향 하룬에서 전해오는 운명의 노래처럼 살고 있다는 기분이었다.

회오리바람이 사람을 에워쌀 때

폭풍이 사람을 몰아세울 때

그 누가 예정대로 달려갈 수 있으리오

그 누가 앞날의 운명을 예측할 수 있으리오

 결국 나도 운명의 노예인 것일까? 보이지 않는 힘에 의해서 내 삶을 살도록 운명지워진 것일까? 그렇다면 앞으로 얼마나 많은 불행을 겪어야 하는 것일까?

 마침내 주인의 집에 도착했다. 마당으로 들어서면서 나는 놀라지 않을 수 없었다. 나를 기다리던 주인은 바로 아라드 굴라였던 것이다. 그는 잃어버린 형제를 다시 찾은 것처럼 나를 반갑게 맞아주었다.

 나는 그의 노예였기 때문에 그를 주인으로 깍듯이 섬기려 했다. 그러나 그는 내 어깨를 감싸주며 말했다.

 "자네를 찾아 사방을 돌아다녔네. 자네를 찾겠다는 생각을 거의 포기할 지경에 이르렀을 때 스와스티를 만날 수 있었네. 그녀가 자네를 다른 주인에게 넘겼다는 대금업자에 대해 말해주더군. 자네 주인에게 엄청난 돈을 주고 자네를 넘겨받았지. 하지만 자네는 그 이상의 가치가 있는 사람일세. 자네의 용기와 철학이 나에게 새로운 길을 열어주지 않았나? 내가 이처럼 성공할 수 있었던 것도 자네 덕분이었으니까."

"아닙니다. 그것은 제 생각이 아니라 메기도의 생각이었습니다."

"메기도의 생각이 곧 자네 생각이네. 어쨌거나 자네 덕분일세. 우리는 조만간 다마스커스로 이사하려 하네. 자네를 내 동업자로 삼으려 하는데 허락해주겠나?"

그리고 아라드 굴라는 커다란 소리로 말했다.

"자네는 이제부터 자유인일세!"

이렇게 말하며 아라드 굴라는 허리춤에서 토판을 꺼내들었다. 내가 그의 노예란 사실이 기록된 토판이었다. 그는 그 토판을 머리 위로 높이 쳐들었다가 땅바닥에 내동댕이쳤다. 토판은 산산조각났다. 게다가 아라드 굴라는 토판 조각들을 발바닥으로 비벼대며 가루로 만들어버렸다.

나는 눈물을 펑펑 쏟으며 그에게 감사했다. 나는 바빌론에서 가장 운수좋은 사람이었다!

샤루 나다는 하단 굴라를 뚫어지게 바라보며 말했다.

"어떤 경우에도 일이 가장 소중한 친구라는 진리가 증명되었던 걸세. 최악의 불행을 맞아서도 우리가 기댈 것은 바로 일이네. 어떤 상황에서도 열심히 일하겠다는 각오가 있었기에 내가 그 죽음의 현장에서 벗어날 수 있었던 것이라 믿네. 나의 그런 자세가 자네 할아버지를 감동시켰던 걸세. 그래서 자네 할아버지가 나를 동업자로 삼았던 거지."

하단 굴라가 물었다.

"그럼, 제 할아버지가 돈을 벌 수 있었던 비결이 바로 일이었단 말씀입니까?"

"내가 자네 할아버지를 처음 만났을 때에는 열심히 일하겠다는 의지밖에 없었네. 그것만이 유일한 비결이었네. 자네 할아버지는 정말 일을 사랑하셨네. 그래서 신께서도 그분의 노력을 인정하시며 커다란 보상을 안겨주신 것이지."

하단 굴라가 비장한 목소리로 말했다.

"이제야 깨달았습니다. 할아버지에게 많은 친구가 있었던 것은 부지런히 일하는 모습 때문이었습니다. 할아버지는 근면했기 때문에 성공할 수 있었고, 그 때문에 많은 사람에게 존경받았던 것입니다. 이제야 깨달았습니다. 일이 할아버지를 다마스커스의 자랑거리로 만들어주었던 것입니다. 일이 할아버지에게 그 많은 재물을 안겨주었던 것입니다. 어리석은 저는 지금까지 일을 노예에게나 어울리는 것이라 생각했습니다."

"물론 삶을 즐겨야 하겠지. 그러나 삶을 즐긴다는 것이 무엇이겠느냐? 이 세상에는 무수한 것이 존재하고, 그 모든 것이 나름대로의 가치를 갖고 있다. 일이 노예만의 몫이라면, 나는 세상에서 가장 커다란 즐거움을 주는 것을 잃는 셈이 될 게다. 그래, 나는 많은 것을 즐기고 있지만 일만큼이나 내게 즐거움을 주는 것은 없었다."

샤루 나다와 하단 굴라는 바빌론의 성벽이 드리워주는 그림자를 따라 걸었고 마침내 거대한 성문 앞에 이르렀다. 그들이 다가서자 성문을 지키던 병사들이 뛰쳐나와 샤루 나다를 정중히 맞아들였다. 샤루 나다는 대상의 선두에서 성문을 통과해서 바빌론의 시가지로 들어섰다.

하단 굴라가 결의에 찬 목소리로 말했다.

"저도 할아버지와 같은 사람이 되고 싶었습니다. 하지만 할아버지가 어떤 사람이었는지 전혀 모르고 있었습니다. 이제야 깨달았습니다. 이제 할아버지를 더욱 존경하게 되었습니다. 그리고 더욱 할아버지와 같은 사람이 되고 싶습니다. 아저씨에게 정말 소중한 이야기를 들었습니다. 이 은혜는 평생 잊지 않을 것입니다. 오늘부터, 아니 이 순간부터 저는 할아버지의 성공 비결을 따르겠습니다. 할아버지처럼 작게 시작하겠습니다. 제 처지에는 어울리지 않는 이 화려한 옷과 보석을 벗어 던지겠습니다."

이렇게 말하며 하단 굴라는 귀걸이를 떼어내고 반지를 내던졌다. 그리고 고삐를 당겨 말을 세우고 샤루 나다의 뒤로 물러서서 걷기 시작했다.

일을 즐겨라, 그러면 돈은 소리없이 당신을 찾아온다.

바빌론의 역사

인류의 역사에서 바빌론보다 풍요를 누렸던 도시가 있었을까? 바빌론은 우리에게 풍요와 화려함을 상상하게 해주는 상징적 단어로 쓰인다. 바빌론을 꾸며주었던 보물과 보석은 전설적인 것이었다. 바빌론이 그처럼 풍요로운 도시였다면 우리는 그 도시가 숲과 광산과 같은 풍부한 천연자원들에 둘러싸여 있었을 것으로 상상하게 된다.

그러나 바빌론은 그렇지 않았다. 유프라테스강이 옆으로 흐르지만 사방이 사막으로 에워싸인 불모의 계곡에 건설된 도시였다. 숲도 없었고 광산도 없었다. 건물을 짓기 위한 돌조차도 없었다. 자연스레 형성된 무역로에 건설된 도시도 아니었다. 강우량마저도 곡물을 재배하기에는 턱없이 부족한 곳에 건설된 도시가 바빌론이었다.

바빌론은 인간의 무한한 능력을 증명해준 도시였다. 인간이 사용 가능한 모든 수단을 동원해서 만들어낸 위대한 업적이었다. 그 거대한 도시를 지탱해준 자원들은 모두 인간의 손으로 만들어낸 것이었다. 황무지와 다름없는 땅에서 이룩해낸 풍요도 인간의 손으로 만들어낸 것이었다.

바빌론에는 2가지 천연자원이 있었다. 바로 비옥한 토양과 유프라테스의 강물이었다. 바빌로니아 사람들은 인류의 역사에 기록된 최초의 토목공사를 벌였다. 거대한 관개수로를 만들어 강물을 농토까지 끌어들였다. 척박한 계곡을 지나 건설된 관개수로는 비옥한 땅에 물을 공급하며 생명체가 자랄 수 있게 해주었다. 인간이 흘린 땀의 결정체인 관개수로는 그 땅의 사람들에게 풍요로운 농산물을 안겨주었다.

더욱 다행이었던 것은 바빌론을 지배한 왕들이 강퍅하지 않았던 것이다. 또 바빌론에는 많은 전쟁이 있었지만 국지전을 넘어서지 않았다. 또한 대부분의 전쟁이 바빌론의 풍요를 탐낸 타지방의 정복자들을 방어하는 수준이었다. 바빌론의 왕들은 지혜와 진취성과 정의로움의 대명사로 여겨졌으며, 온 세상이 바빌론에 경의를 표해야 한다는 착각에서 타국 땅을 무도하게 정복하려는 오만한 왕은 없었다.

바빌론은 이미 역사의 뒤안길로 사라진 도시이다. 수천년 동안 바빌론을 건설해서 지켜온 인간의 역동적인 힘이

차츰 수그러들면서 그 도시도 폐허로 변해갔다. 바빌론의 흔적은 수에즈 운하에서 동쪽으로 약 960킬로미터 정도 떨어진 곳, 페르시아만 바로 북쪽에 위치하고 있다. 위도로는 북위 30도, 아리조나의 유마시(市)와 거의 비슷한 환경이었다. 말하자면 뜨거운 햇살이 내려쬐는 건조한 땅이었다.

과거에는 거대한 관개수로 덕분에 광활한 농경지가 있었던 그 땅이 지금은 황무지로 변해버렸다. 을씨년스런 바람만이 불어대는 땅으로 변해버렸다. 키작은 나무와 풀만이 생존을 위해 거친 사막바람에 맞서 몸부림치고 있을 뿐이다.

비옥한 농토는 사라진 지 오래다. 물건을 가득 실은 대상의 행렬과 거대한 도시도 사라진 지 오래다. 양과 염소를 키우면서 힘겹게 살아가는 유목민이 그 땅에서 만날 수 있는 유일한 사람들이다.

오랫동안 그 땅을 눈여겨보는 사람은 없었다. 여행자들도 바빌로니아의 옛 땅을 지나면서 그저 황무지로 생각했을 뿐이다. 그러나 간헐적으로 쏟아진 폭우에 토기 파편과 벽돌 조각들이 씻겨 나오면서 고고학자들이 그 땅에 관심을 기울이게 되었다. 유럽과 미국의 박물관에서 후원을 받은 탐사대가 그곳에 파견되면서 대대적인 발굴작업이 시작되었다. 옛 도시들의 흔적이 연이어 발견되었다. 고고학자들의 표현대로 도시의 무덤들이었다.

바빌론도 그렇게 발견된 도시 중의 하나였다. 20여 세기 동안 바람이 사막의 먼지로 바빌론을 뒤덮고 있었던 것이다. 게다가 진흙을 빚어 만든 벽돌로 건설된 도시였던 까닭에 성벽과 건물들도 풍화되면서 다시 흙으로 되돌아가고 말았다. 한때 세상에서 가장 풍요로웠던 도시, 바빌론은 그렇게 먼지더미로 변해버렸다.

이름마저 잊혀진 채 오랜 세월 동안 버려져 있던 도시에서 시간의 찌꺼기를 조심스레 벗겨내자 과거의 영화를 증명해주는 널찍한 간선도로와 웅장한 궁전과 신전의 흔적이 드러났다.

대부분의 학자들은 유프라테스 유역에서 바빌론을 중심으로 발전된 도시 문명권을 인류의 역사에서 가장 오래된 문명세계라 생각한다. 적어도 기원전 6000년까지 거슬러 올라가는 문명세계이다. 이렇게 확신한 이유가 무엇이었을까? 바빌론의 폐허지에서 발견된 일식에 대한 기록 덕분이었다. 현대 천문학자들은 바빌론 지역에서 일식이 일어난 때를 계산해낼 수 있었고, 그 결과 그들이 사용한 역법과 현재의 역법 사이의 관계까지도 밝혀낼 수 있었다.

이리하여 지금으로부터 적어도 8000년 전 바빌로니아를 건설한 수메르 사람들이 성곽으로 둘러싸인 도시에서 살았다는 사실이 증명되었다. 그런 도시가 얼마나 오래 전부터 존재했는지에 대해서는 추측만이 가능할 뿐이다.

수메르 사람들은 단순히 성곽이나 쌓고 살았던 야만인이

아니었다. 그들은 적절한 교육을 받은 개화된 사람이었다. 역사의 흔적에서 보듯이 그들은 최초의 공학자였고 최초의 천문학자였으며 최초의 수학자였다. 또한 어엿한 문자를 지닌 최초의 금융인이었다.

황무지를 농업의 천국으로 탈바꿈시킨 관개수로에 대해서는 이미 언급했다. 그 수로가 지금은 모래로 가득 채워져 있지만 그 흔적은 아직도 뚜렷이 남아 있다. 10마리의 말이 나란히 걸을 수 있을 정도로 엄청난 규모의 수로였다. 콜로라도와 유타에서 가장 큰 수로에 필적할 만한 규모였다.

계곡의 척박한 땅을 적셔준 관개수로 이외에도 바빌로니아 사람들은 비슷한 규모의 토목공사를 해냈다. 그들은 유프라테스강과 티그리스강의 하구에 있던 거대한 늪지대를 간척해서 농토로 만들었던 것이다.

그리스의 역사학자 헤로도투스는 바빌론을 방문해서 그 도시에 대한 기록을 우리에게 남겨준 유일한 외부인이었다. 그의 글은 바빌론의 찬란한 문명과 독특한 풍습을 생생하게 전해준다. 물론 비옥한 농토와 그 땅에서 수확되었던 밀과 보리에 대한 기록도 빠뜨리지 않았다.

바빌론의 영광은 자취를 감추었지만 그들의 지혜는 지금까지 전해진다. 그들이 남긴 기록에서 우리는 삶의 지혜를 배울 수 있다. 종이가 발명되지 않았던 시대였지만, 그들은 축축한 진흙판에 글을 새겼다. 그렇게 완성된 토판을 불에 구워 단단하게 만들었다. 대부분의 토판이 가로 15센티미터, 세로 20센티미터의 크기이고 두께는 2.5센티미터 정도이다.

이 토판들이 그들에게는 종이였다. 이런 토판에 전설과 역사와 시가 씌어졌고 왕의 칙령과 법이 기록되었다. 또한 토판은 토지문서와 약속어음의 역할도 해냈다. 때로는 멀리 떨어진 친구에게 보내는 편지가 씌어 있기도 했다. 이런 토판들을 통해서 우리는 그 시대를 살았던 사람들의 개인적 삶까지도 엿볼 수 있다.

가령 한 상점주인이 남긴 듯한 토판에는 흥미로운 기록이 담겨 있다. 어느 날 어떤 손님이 암소 한 마리를 끌고 와 밀가루 일곱 자루와 교환했는데, 우선 세 자루를 가져가고 나머지 네 자루는 그 손님이 원하는 때에 가져가기로 했다는 기록이다.

고고학자들은 모래먼지로 덮인 도시의 잔해에서 수십만 장의 토판이 보관된 거대한 서고를 발견해냈다. 바빌론의 경이로움은 여기에서 끝나지 않는다. 무엇보다 놀라운 것은 바빌론을 둘러싼 거대한 성벽이었다.

기원전 225년경 필론이 이집트 피라미드와 더불어 "세계 7대 불가사의"의 하나로 거론했던 웅대한 성벽이었다. 바빌론에 성벽을 최초로 쌓았던 사람은 세미라미스 여왕인 것으로 알려진다. 그러나 고고학자들은 최초의 성벽에 대한 어떤 흔적도 찾아낼 수 없었다. 따라서 정확한 높이도 알 수 없지만, 필론을 비롯한 고대 저술가들의 기록에 따르면 높이가 대략 15~18미터였고 외벽에는 구운 벽돌이 붙여졌으며 깊은 해자가 둘러져 있었다.

그리고 기원전 600년경 나보폴라사르 왕이 바빌론의 성벽을 다시 쌓기 시작했지만 그 원대한 계획이 완성되는 것을 보지 못하고 세상을 떠나고 말았다. 그러나 성경에도 그 이름이 등장하는 느부갓네살이 왕위를 계승하면서 아버지의 유업을 완성시켰다.

그 성벽의 높이와 길이는 믿어지지 않을 정도이다. 한 자료에 따르면 높이는 48미터(15층 건물 높이)였고 길이는 14.5~17.5킬로미터였다. 성벽 상단의 폭도 상당히 넓어서 6두마차가 자유롭게 달릴 수 있었다. 그런데 이 엄청난 구조물이 세월의 풍상에 먼지로 변해 이제는 기초석과 해자의 일부만이 남아 있을 뿐이다. 아랍인들이 다른 곳에 건물을 세우려고 성벽의 벽돌을 캐낸 것도 그 웅대한 성벽의 운명을 재촉한 한 원인이었다.

당시는 정복의 시대였다. 따라서 바빌론의 풍요로움은 정복자들에게 커다란 유혹거리였다. 수많은 정복자들이 바빌론을 에워싸고 항복을 받아내려 했지만 바빌론의 성벽은 어떤 공격이라도 거뜬히 이겨냈다.

그 시대의 침략군을 결코 가볍게 생각해서는 안 된다. 역사학자들의 주장에 따르면 1만의 기병, 2만 5천대의 전차, 1천 2백개의 보병연대(연대당 1천명)로 구성된 대대적인 침략군이었다. 병사를 모집하고 식량을 준비하는 데도 2~3년이 걸렸던 엄청난 규모의 침략군이었다.

바빌론의 구조는 현대 도시와 거의 똑같았다. 널찍한 도로가 있었고 상점들이 있었고 주거지를 돌아다니며 물건을 파는 행상인들도 있었다. 장려한 신전을 관리하는 성직자들도 있었다. 성내에는 왕궁을 둘러싼 높은 담이 있었다. 왕궁의 담은 바빌론 시내에서 가장 높은 담이었다.

바빌로니아 사람들은 예술에서도 뛰어난 능력을 지닌 민족이었다. 조각과 회화, 직조술과 세공술에서 탁월한 솜씨를 보여주었다. 따라서 바빌론의 유적지에서 발굴된 보석들은 예술품이나 다름없었다. 게다가 그들은 금속으로 무기와 농기구를 만들었다.

다른 세계에 살던 사람들은 돌도끼로 나무를 패고 돌을 날카롭게 연마한 창과 화살로 사냥을 하던 시절에 바빌로니아 사람들은 금속으로 만든 도끼와 창과 화살을 사용하고 있었다.

게다가 바빌로니아 사람들은 뛰어난 금융가였고 상인이었다. 지금까지 밝혀진 바에 따르면, 교환수단으로 돈과 어음이란 제도를 발명하고 재산권을 문서로 기록한 최초의 민족이었다.

그러나 바빌론도 기원전 540년경 침략군에게 정복당하고 말았다. 그러나 바빌론 성벽이 무너진 것은 아니었다. 바빌론의 몰락은 지도자의 잘못된 판단이 가져온 비극이었다. 당시 가장 위대한 정복자로 위명을 날리던 키로스 2세(옮긴이 : 페르시아 제국의 건설자)가 난공불락의 성벽을 자랑하는 바빌론을 노리고 한 걸음씩 다가오고 있었다. 그때 바빌론의 왕이던 나보디누스는 원로들의 조언을 받아들여 바빌론이 포위되기 전에 출정해서 키로스 2세와 전쟁을 벌이기로 했다. 그러나 키로스 2세의 강력한 군사력에 바빌론의 병사들이 연패를 당하자 나보디누스는 바빌론을 버리고 달아날 수밖에 없었다. 그래서 키로스 2세는 아무런 저항도 받지 않고 바빌론에 입성할 수 있었다.

그후 바빌론의 위세와 명성은 급속히 쇠락하면서 결국에는 버려진 땅이 되고 말았다. 그리고 바람과 폭풍이 사막의 모래를 옮겨오면서 바빌론의 아름다운 풍광은 다시 옛날로 돌아가고 말았다. 바빌론은 그렇게 몰락된 이후 다시 일어서지 못했다. 그러나 그들이 남겨놓은 문명의 흔적들은 여전히 우리 곁에서 살아 숨쉬고 있다.

그 웅대한 성벽을 산산이 부숴버린 시간의 영겁마저도 바빌론의 지혜를 지워버릴 수는 없었던 것이다.

옮긴이의 말

부자가 되는 것은 인간의 권리이다

"한나라의 국부는 국민 개개인이 경제적으로 얼마나 윤택하게 사느냐에 따라 결정된다!"

이 책은 이렇게 시작된다. 내 나라가 가난하다면 그것은 내 책임이다. 따라서 가난한 사람은 애국자가 아니다. 그러나 가난한 것과 검약한 것은 다르다. 돈을 흥청망청 써댄다고 해서 부자는 아니다. 복권에 당첨되어 대박을 터뜨렸다고 해도 부자가 아니다. 부정한 짓으로 큰돈을 가졌다고 부자가 아니다. 진정한 부자는 땀흘려 번 돈의 소중함을 아는 사람이다.

동네 서점에 가보면 처세책들이 쌓여 있다. 모두가 돈을 버는 방법에 대한 책이다. 일하지 않고 돈버는 법을 소개하

옮긴이의 말

는 책도 있다. 심지어 일하기 싫어하는 사람을 위한 책도 있다. 그러나 일하지 않고 어떻게 먹고살 수 있을까? 일하지 않고 어떻게 부자가 될 수 있을까? 물론 방법이 없지는 않다. 부자인 아버지에게 커다란 재산을 물려받으면 된다. 아버지가 부자가 아니라고? 그렇다면 부잣집 아들이나 딸과 결혼하면 된다. 그것도 꿈같은 이야기라고?

그럼 마지막 방법이 있다. 요령을 피우지 말고 성심껏 일해라! 일하기 싫다고? 그럼 가난하게 사는 수밖에 없다. 그리고 나라와 민족을 사랑한다고 떠벌리지 마라.

과거의 책들은 우리에게 부자가 되는 것이 의무라고 가르쳤다. 그러나 이 책에서는 부자가 되는 것은 인간의 권리라고 주장한다. 누구나 부자가 될 수 있다. 그렇기 때문에 부자가 되는 것은 인간의 권리이다. 그런데 이런 의문이 생긴다. 나도 부자가 될 수 있을 만큼 우리나라에 금은보화가 충분할까? 한나라의 국부에 절대적 한계가 있는 것이 아니다.

이 책은 고대 바빌로니아에서 그 교훈을 찾는다. 바빌로니아를 건설한 수메르 사람들은 황무지에 바빌론이란 도시를 세웠다. 지금까지도 바빌론은 우리에게 풍요를 상징해주는 단어로 쓰인다. 바빌론은 자연스레 형성된 도시가 아니었다. 수메르 사람들의 피와 땀, 그리고 지혜가 빚어낸 결실이었다.

이 책에서는 돈에 대해서 3가지를 말해준다.

첫째는 돈을 버는 방법, 둘째는 돈을 지키는 방법, 셋째는 돈으로 돈을 버는 방법이다. 3가지 모두가 중요한 것이다. 그러나 돈을 버는 방법을 모른다면, 둘째 방법과 셋째 방법은 무용지물이다.

그럼 돈을 버는 방법이 무엇일까? 이 책은 바빌론 부자들의 입을 빌려 3가지 방법을 소개한다.

첫째는 각자가 일하는 분야에서 최고가 되어라.

둘째는 열심히 성심껏 일해라.

셋째는 체면을 생각지 마라.

간단하지만 실천하기 어려운 과제들이다. 그러나 일을 친구로 만든다면 어떻게 되겠는가? 그럼 열심히 일할 수 있을 것이고, 열심히 배우면서 일한다면 내 분야에서 최고가 되는 것은 어려운 일이 아닐 것이다. 문제는 체면이다. 그러

옮긴이의 말

나 옛말처럼 체면이 밥을 먹여주는 것은 아니다.

그리고 돈을 지키는 방법과 돈으로 돈을 버는 방법이 소개된다. 모두가 옛날 이야기식으로 씌어 있어 편히 읽을 수 있다. 그러나 주목할 것은 요즘 서점에 범람하는 재테크에 관련된 모든 기법이 이 책 속에 담겨 있다는 것이다. 심지어 빚을 해결하는 방법까지 씌어 있다.

바빌론에서 가장 부자였던 사람이 그 시대의 사람들에게 가르쳐주었던 황금의 지혜는 오늘날에도 여전히 그 효력을 발휘하는 절대적 진리였다. 이제 우리가 선택할 길은 하나뿐이다.

이야기책을 읽듯이 이 책을 읽어가면서 돈을 버는 지혜, 돈을 지키는 지혜, 돈으로 돈을 버는 지혜를 자신의 것으로 소화하는 것이다. 그리고 실천하는 것이다.

생극에서
강 주 헌